Maisons en bois

Maisons en bois

Chaleur et simplicité d'une décoration naturelle

Judith Miller

Photographies de James Merrell

Flammarion

Titre de l'ouvrage original :
Wooden Houses
Publié par Ryland Peters & Small, Londres

ISBN : 2-08-201954-3
Numéro d'édition : FT 195401
Dépôt légal : octobre 1998
Imprimé à Hong-Kong

Traduit de l'anglais par Valérie Julia

Directeur artistique : Jacqui Small
Éditeur : Anne Ryland
Conception graphique : Paul Tilby
Adaptation PAO : Isabelle Técher, T.E.A.M., Paris

Sommaire

Avant-propos

La nature du bois

Le bois possède des qualités que l'on retrouve rarement dans les autres matériaux de construction. Par sa forme, sa couleur et sa texture, il illumine tout ce qui l'entoure. Il offre un parfait compromis entre solidité et souplesse, et réagit particulièrement bien à la compression et à l'effort. Ainsi, il est tout à fait adapté non seulement à la construction de charpentes, mais aussi à la fabrication des planchers, escaliers, lambris, huisseries et meubles. Traité à l'encaustique, teinté ou verni, le bois naturel révèle toute la beauté de son grain. Dans une pièce où les murs, les sols, les portes, les fenêtres et le mobilier sont en bois, les effets subtils de lumière et de couleur se déclinent à l'infini.

Les pays riches en forêts ont une longue tradition de construction en bois. Autrefois, dans certaines régions, c'était même souvent le seul matériau disponible. Puisant dans cet héritage millénaire, les étudiants en architecture apprennent aujourd'hui à mieux connaître le bois : les techniques de coupe, les mérites comparés du sciage manuel et du débitage industriel, les méthodes de séchage, les effets du soleil et des intempéries, le choix des essences en fonction du type de réalisation. Ils apprennent à exploiter tous ces aspects pour mieux mettre en valeur les ouvrages qu'ils conçoivent. Les maisons contemporaines en bois s'inspirent largement de celles de nos ancêtres, qui nous ont aussi légué un riche héritage d'artisanat populaire. Dans l'habitat en bois d'aujourd'hui, les architectes, conjuguant traditions ancestrales et avancées technologiques, laissent libre cours à leur créativité.

Le présent ouvrage replace la maison en bois dans un contexte à la fois historique et social. Il retrace l'évolution du bois en tant que matériau de construction et de décoration, tout en analysant les différents types de structure en bois, ainsi que les styles de décoration intérieure à travers le monde. À tous les amoureux d'un mode de vie naturel, cet ouvrage explore les innombrables possibilités qu'offre ce matériau et constitue une vraie source d'inspiration.

Judith Miller

Introduction

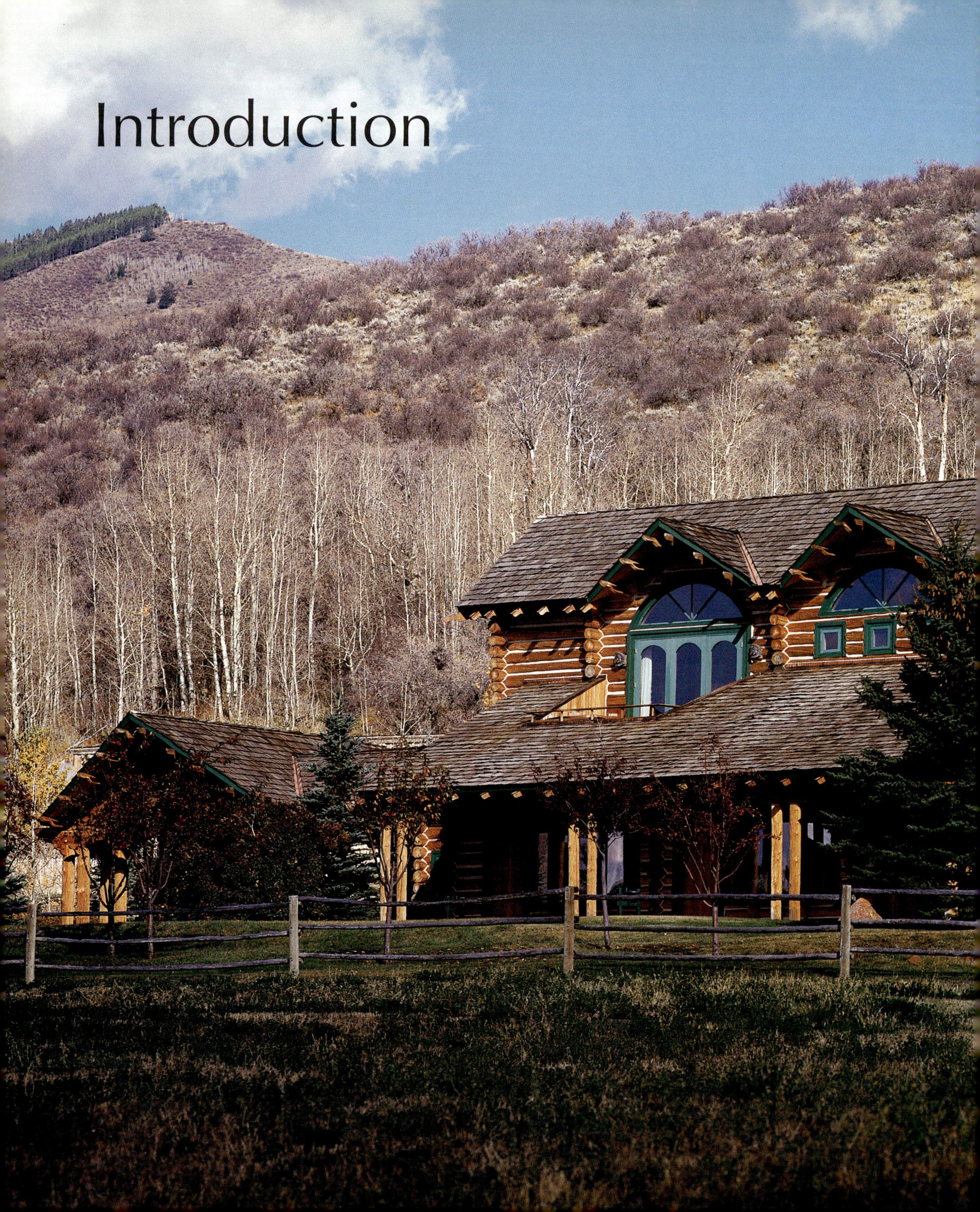

Construire en bois

Dans l'histoire de l'humanité et le développement des civilisations, le bois a toujours joué un rôle fondamental. Depuis l'aube des temps, on l'utilise pour se chauffer, pour s'éclairer et pour cuire les aliments. Il sert aussi à fabriquer toutes sortes d'outils et d'objets domestiques, ainsi que des meubles, jusqu'aux navires et aux maisons. Depuis des siècles, grâce à ses propriétés structurelles et ses qualités esthétiques, le bois continue à occuper une place importante dans tous ces domaines d'application. Avec les derniers développements des techniques et du design, il a encore de belles années devant lui.

Depuis le Moyen Âge, les populations d'Europe et de Scandinavie utilisaient beaucoup le bois comme matériau de construction. À partir de la Révolution industrielle, au début du XIXe siècle, l'invention de la machine à vapeur permit de faire fonctionner les premières scieries mécaniques, et de produire à grande échelle des outils et des matériaux de construction. À la fin du XVIIIe siècle, on fabriquait encore les briques en très petite quantité, et il fallut attendre les progrès du chemin de fer pour pouvoir les transporter sur de longues distances. Les maisons en brique étaient donc réservées aux classes sociales aisées. Il en allait de même pour la pierre de taille : à moins d'habiter non loin d'une carrière, le coût de la taille et du transport en faisaient un matériau essentiellement destiné aux bâtiments religieux et publics, ou aux châteaux de l'aristocratie. Le bois, quant à lui, était disponible en grandes quantités à travers toute l'Europe, de sorte qu'on trouvait des maisons en bois tant à la campagne qu'à la ville.

Dans les zones rurales densément boisées, comme certaines régions de Suède, de Norvège, de Suisse, des Alpes autrichiennes, du centre et de l'est de l'Allemagne, les chalets en bois étaient souvent faits de rondins ou de madriers empilés horizontalement et assemblés aux angles par entailles. Dans ces régions aux hivers rigoureux, l'épaisseur des troncs assurait une parfaite isolation. Cependant, dans les zones urbaines ou dans les campagnes moins boisées, la construction en bois massif était inadaptée. En effet, le transport des troncs nécessaires à un chalet était souvent matériellement impossible, parce que trop laborieux, ou trop coûteux. Parallèlement aux chalets en rondins, on vit apparaître les maisons à colombages, construites sur une structure en bois plus économique.

Ce type de maisons, édifiées en Europe et en Scandinavie avant la Révolution industrielle, nécessitait en effet moitié moins de bois que les chalets en rondins de même taille. Malgré quelques différences régionales, les principes de base demeurent les mêmes. Les murs sont constitués par une structure de poutres horizontales et verticales, renforcée par endroits de poutres en diagonale (bras et écharpes), et surmontés de chevrons et de pannes pour le toit, le tout formant l'ossature de la maison (*voir* Glossaire p. 186 pour la définition de tous ces termes). Hormis les ouvertures pratiquées pour les portes et les fenêtres, les espaces vides de l'ossature étaient comblés d'un matériau de remplissage, appelé également hourdis, qui se composait de torchis de paille et d'argile, d'un mélange de plâtre et de lattes de bois, et plus rarement de briques. Quant aux toits, ils étaient recouverts de chaume, de tuiles ou parfois de planches ou de *shingles*, sortes de tuiles en bois. Les premières maisons à colombages avaient une structure de poutres et de poteaux apparente. Par la suite, elles furent pour la plupart habillées de planches de bois (ou bardage de bois), afin de protéger les hourdis des intempéries, et d'améliorer l'isolation. Cette pratique se développa d'abord dans les pays scandinaves, où le bardage était placé dès la construction.

Les Indiens d'Amérique possédaient déjà une grande tradition de construction en bois. Mais plus tard, les premiers colons européens qui traversèrent l'Atlantique aux XVIIe et XVIIIe siècles pour peupler les nouvelles colonies d'Amérique du Nord introduisirent d'autres techniques. Dans ces nouveaux territoires, où la population connaissait une croissance rapide, les besoins en logement étaient grands et les forêts du Nouveau Monde riches en essences de toutes sortes : ainsi le savoir-faire des charpentiers européens trouva-t-il rapidement des domaines d'application. Aux États-Unis comme en Scandinavie et en Europe, les maisons en rondins et à ossature en bois se multiplièrent. En outre, au début du XIXe siècle, une nouvelle technique de construction mise au point à Chicago, appelée le « balloon-frame » ou charpente ballon, donna une nouvelle impulsion à ce secteur. Bénéficiant de l'apparition sur le marché de clous fabriqués mécaniquement (alors qu'ils étaient autrefois faits à la main, et par conséquent plus coûteux), de poutres de taille standard sciées à la scie mécanique, cette nouvelle technique proprement américaine dispensait désormais du long travail d'assemblage des poutres par tenons et mortaises. Il suffisait en effet de clouer les poutres horizontales aux montants verticaux. Il devenait donc plus simple, plus rapide et moins cher de construire des maisons. La grande souplesse du procédé permit aux architectes et aux entrepreneurs de faire évoluer les styles, pour certains dans le sens d'une esthétique plus contemporaine, pour d'autres d'un retour à la tradition. Cette évolution favorisa l'essor des maisons en bois en Australie et en Nouvelle-Zélande lors de la colonisation européenne au XIXe siècle.

Les effets de la Révolution industrielle sur la construction de maisons en bois furent à la fois positifs et négatifs. En Europe, elle eut pour conséquence l'appauvrissement des ressources en bois, de sorte que peu à peu, les constructions en brique s'imposèrent. Mais pour les huisseries, les escaliers ainsi que les sols (parquets) et les revêtements muraux (placages, lambris), le bois garda en revanche sa prépondérance et bénéficia largement de la mécanisation des scieries. En Scandinavie et dans de nombreuses régions des États-Unis, où le bois ne manquait pas, les habitations en rondins et les charpentes ballon furent encouragées par une industrie du bois particulièrement dynamique et florissante, à tel point que la majorité des maisons individuelles américaines sont aujourd'hui en bois.

Les nouvelles techniques de construction apparues aux XIXe et XXe siècles ont employé d'autres matériaux que l'on jugeait plus solides. C'est le cas notamment du béton, moins coûteux que le bois et la brique, et plus souple que cette dernière, puisqu'il est capable de prendre n'importe quelle forme. Renforcé de tiges de métal, il est encore plus résistant. Pourtant, on a récemment constaté qu'il n'était peut-être pas aussi parfait qu'on avait pu le penser au départ. En effet, il peut parfois se désintégrer (c'est le fameux « cancer du béton »), et on s'accorde de plus en plus à penser que la froideur de ce matériau est peu adaptée au contexte du logement.

> Vivre dans un chalet ou dans une maison en bois, c'est exprimer la nostalgie d'une ère préindustrielle où l'on vivait en harmonie avec la nature.

Pendant toute la seconde moitié du XXe siècle, le développement des cités en béton et les conditions de vie difficiles qu'elles engendrent expliquent le regain d'intérêt pour les qualités esthétiques du bois, et pour des formes plus traditionnelles d'habitat. Depuis le début des années soixante-dix, le secteur de la construction en bois est en plein essor, dynamisé par le mouvement architectural postmoderne, et alimenté par la demande des consommateurs. Pour les architectes, c'est l'occasion d'explorer les multiples possibilités d'un matériau organique, de préférence à un matériau synthétique. Mais pour la personne qui vit dans un chalet en rondins ou une maison à charpente en bois, l'expérience va bien plus loin. Elle illustre le retour à une ère préindustrielle, où les méthodes traditionnelles et le savoir-faire des artisans étaient en harmonie avec la nature. Contrairement au béton, le bois symbolise un mode de vie beaucoup plus proche des préoccupations actuelles en matière d'écologie, car aussi bien dans le domaine de l'architecture que de la décoration, on assiste à un retour en force des matériaux naturels.

Si l'utilisation du bois remonte à la nuit des temps, et si ce matériau a toujours été présent dans l'histoire des civilisations, il est évident qu'il est aussi un matériau porteur d'avenir et que son histoire est loin de s'achever.

Styles architecturaux

Lorsqu'on parle de maisons en bois, on peut évoquer des styles architecturaux très différents, selon la région où l'on vit, l'environnement dans lequel on a grandi, les pays où l'on a voyagé. Pour certains, la maison en bois est un chalet suisse perdu dans la montagne, une ferme scandinave traditionnelle, ou encore une maison à colombage typiquement normande. Pour ceux qui ont séjourné aux États-Unis, c'est un pavillon comme il en existe dans les banlieues américaines, ou dans les petites villes côtières de Nouvelle-Angleterre, ou encore en Nouvelle-Zélande, dans la ville cosmopolite d'Auckland. Pour se faire une idée de la très grande diversité des constructions en bois, il n'est que d'admirer les magnifiques fermes en rondins

des vallées scandinaves, les maisons à colombages de la campagne anglaise, avec leurs poutres et leurs parquets si fantaisistes, les lignes épurées des demeures néoclassiques des colonies du Nouveau Monde, avec leurs larges vérandas... Tous ces styles ont en commun le bois, tant au niveau de l'ossature que des revêtements de sols, de murs et de plafonds. Les essences diffèrent d'un pays à l'autre, d'une région à l'autre, mais la qualité est toujours de rigueur. Ces belles demeures, déclinées dans toutes sortes de styles architecturaux, sont autant d'hommages à l'imagination et au savoir-faire des architectes et des artisans qui les ont conçues.

Les chalets

« La forme architecturale constituée de rondins empilés horizontalement pour former un rectangle, et assemblés aux quatre coins, est une forme d'habitat très ancienne », écrivait l'architecte romain Vitruve au Ier siècle av. J.-C. Bien que très ancienne, la construction de chalets en rondins a survécu jusqu'à nos jours dans les régions forestières du monde entier, et ce, malgré le développement de techniques de construction plus légères et moins onéreuses. Aujourd'hui encore, ce type d'habitat est toujours très populaire, associé à des images de nature sauvage. C'est cet imaginaire encore vivace qui a permis aux architectes contemporains de revisiter les techniques et les styles, surtout aux États-Unis, où la maison en rondins incarne un certain idéal de vie rurale très ancré dans la conscience collective du pays.

À gauche Aspen, Colorado, États-Unis. Cette maison s'inspire des basiliques chrétiennes, des temples shintoïstes japonais et des « Great Camps » des Adirondacks. Entourée de trembles et de pins, elle associe rondins de mélèzes vieux de 400 ans grossièrement taillés et planches de cèdre plus finement polies.

À droite Telemark, Norvège. Corps de ferme datant du début du XVIIIe siècle.

Les premiers chalets sont apparus dans les régions forestières du nord de l'Europe, de Scandinavie et de Russie. Jusqu'à la fin du XIXe siècle, les techniques de construction étaient dictées par des critères pratiques plus qu'esthétiques. Lorsque la chasse ne suffisait plus à nourrir une population en expansion, les forêts étaient transformées en pâturages et en cultures, et les arbres abattus étaient alors utilisés comme bois de construction, pour les maisons et les granges. Même si un chalet en rondins nécessitait deux fois plus de bois qu'une maison à charpente en bois de même taille, ce fut, au moins jusqu'à la

À droite Transportée de Chatel à Megève, cette ferme magnifique du XVIIIe siècle en madriers a été restaurée par des maîtres artisans selon des techniques traditionnelles.

À gauche et ci-dessus Telemark, Norvège. Détails illustrant les techniques de construction de deux chalets du Moyen Âge. Les murs en rondins de pin ont été montés selon une technique suédoise consistant à tailler la base d'un rondin de façon qu'il s'encastre sur le suivant. Traditionnellement, on utilisait de la mousse, de la terre ou des morceaux de chiffon pour colmater les fentes entre les rondins. Les extrémités de ces derniers (de section ovale) sont toutes alignées sur l'axe du mur.

fin du XVIIIe siècle, le moyen le plus pratique et le plus rapide de construire les maisons. Il était en effet plus facile d'empiler des rondins en carré que d'élever et de fixer entre elles des poutres et des planches, dont la préparation nécessitait beaucoup plus de main-d'œuvre et de temps.

Les chalets en rondins étaient parfaitement adaptés aux régions très froides, à condition qu'ils soient correctement assemblés aux

À droite et à gauche Deux fermes savoyardes du XVIIIe siècle restaurées. Elles sont faites de madriers (rondins équarris), selon une technique qui n'a guère changé depuis le Moyen Âge.

Ci-dessous Chalet médiéval à Telemark, construit en madriers sur une assise en maçonnerie, avant la Grande Peste de 1350. C'est l'un des tout premiers corps de ferme à étage de Norvège. Seuls 130 chalets de ce type ont été préservés dans le pays, dont 70 dans la vallée de Telemark. Leur longévité tient sans doute aux larges avant-toits qui protègent le bois de la moisissure.

quatre coins et dotés de joints bien étanches. Mieux que les structures à ossature en bois, les murs en bois massif conservent la chaleur en hiver, et la fraîcheur en été. Plus on intègre de bois dans la structure, moins les variations de température sont sensibles à l'intérieur. La nuit, lorsque le froid s'intensifie, l'intérieur de la maison conserve sa chaleur, les rondins restituant progressivement la chaleur accumulée pendant la

À gauche et à droite
Ces deux chalets ont été construits à Megève dans le style traditionnel, en madriers.
Les larges avant-toits, soutenus par des consoles, empêchent les murs de moisir.
Les fenêtres sont dotées de lourds volets qui améliorent l'isolation et permettent ainsi de se protéger des rigueurs de l'hiver.

Dans les froides régions d'Europe et de Scandinavie, les murs épais en bois massif isolent des rigueurs de l'hiver.

journée. Lorsque la température extérieure remonte, les rondins se réchauffent lentement, de sorte que l'intérieur reste bien frais. Dans ces régions froides, les fenêtres étaient petites, orientées au sud, et souvent munies de volets. Les toits pentus et en saillie empêchaient la neige de s'accumuler. Certains étaient même isolés à l'aide d'écorce de bouleau recouverte de branchages ou de tourbe. Dans de grandes cheminées de pierre, on entretenait le feu toute la journée pour le chauffage et la cuisine, et pendant la nuit, les longs conduits d'évacuation de la fumée continuaient à dégager de la chaleur. En été, les volets et les fenêtres restaient ouverts, et on enlevait la mousse ou la tourbe servant à colmater les rondins pour améliorer l'aération.

Ci-dessous Chalet médiéval à Frøland, Norvège. L'étage servait de chambre d'amis ou de quartier d'été, et la partie inférieure d'entrepôt.

En bas à gauche Telemark. Chalet d'inspiration suisse, de la fin du XIXe siècle. Ces bâtiments s'appellent des « burs ».

En bas à droite Elverum, Norvège. Chalet en madriers situé sur la place du marché, construit vers 1775 par un immigré allemand.

Pour construire en bois massif, on a toujours préféré les bois tendres tels que le bouleau, le cèdre, l'épicéa, le sapin et le pin, car ils ont un cycle de pousse plus rapide, et sont plus faciles à abattre, à tailler et à teindre. Les rondins sont soit débarrassés de leur écorce et de leur cambium (la partie externe de l'aubier), soit laissés intacts. Cette deuxième option était la plus répandue en Amérique pendant la conquête de l'Ouest, où il fallait construire vite et avec peu de main-d'œuvre. Mais cette technique fragilisait le bois, très souvent attaqué par la moisissure. De nos jours, les rondins préparés dans les scieries sont d'un diamètre à peu près standard et correctement traités. Plus rares sont ceux dont on conserve l'écorce. On les utilise en général pour donner une touche plus rustique. Une solution intermédiaire consiste à enlever presque toute l'écorce, en laissant du cambium par endroits, pour créer une surface mouchetée d'aspect assez naturel.

L'autre élément qui détermine l'aspect extérieur d'un chalet est la forme des rondins, auxquels on peut donner toutes sortes de profils : entièrement ronds, taillés sur les côtés ou uniquement au sommet et à la base, ronds mais légèrement creusés à la base pour venir reposer sur l'arrondi du rondin suivant ou encore taillés sur trois faces, de façon à laisser une surface arrondie à l'extérieur du mur (*voir* illustrations dans le glossaire p. 187-188). Aux États-Unis, on préfère en général les laisser ronds, ou au moins arrondis sur les côtés, tandis qu'en Europe, ce sont plutôt les madriers qui dominent.

Ci-dessous Ce chalet, destiné à loger les ouvriers agricoles, a été construit vers 1830 près d'Elverum. Le marché de cette ville était un centre très actif, et les nombreuses maisons peintes témoignent de l'influence étrangère dans cette région.

À gauche Norvège, vallée de Rendalen, à l'est d'Østerdalen. Cette ferme d'hiver, bâtie vers 1730, et dotée d'une tour de guet, a été reconstruite au Glomdalsmuseet d'Elverum.

Ci-dessous Ferme de Synvisgard, en rondins équarris, construite vers 1668 à Os, en Norvège. En 1744, un artiste suédois a décoré l'intérieur de peintures représentant des scènes rurales qui ont marqué l'histoire de la famille.

La forme de l'assemblage des rondins par entaille aux quatre angles de la maison est aussi un élément important de l'esthétique architecturale. C'est aux États-Unis que ces formes sont les plus variées. Les troncs peuvent être grossièrement taillés en pointe, comme des crayons, ou plus finement à facettes, ou encore pour imiter un assemblage par tenons et mortaises. Ils peuvent aussi dépasser plus ou moins du mur.

Il existe deux méthodes traditionnelles de construction de murs en bois massif. La plus ancienne, apparue en Scandinavie, consiste à creuser les rondins à la base pour qu'ils puissent s'empiler les uns sur les autres. Le bois vert a tendance à se rétracter en séchant, favorisant ainsi l'étanchéité des joints. Mais le creusage à la main demandait beaucoup de temps et d'habileté, et dans les régions sèches, il arrivait que le bois se rétracte trop. Les joints perdaient alors leur étanchéité, et l'on était obligé de les colmater. Ce procédé fut rarement utilisé aux États-Unis avant les années soixante-dix, période à laquelle on vit apparaître des machines pour écorcer et creuser les rondins qui permirent d'éviter tous ces problèmes.

Le calfeutrage des jours entre les rondins se fait à l'aide d'une sorte de mortier. Avant le XIXe siècle, il s'agissait d'un mélange d'argile et de paille (torchis). Plus tard, le torchis fut remplacé par une sorte de ciment. Ce système permettait de construire plus rapidement et de compenser les inégalités de surface des rondins. Mais en séchant, il arrivait parfois que le bois se rétracte, provoquant des fissures dans les joints. Aujourd'hui, les architectes anticipent sur le retrait de tous les bois, même les plus secs. Par ailleurs, de nouvelles solutions sont apparues avec l'élaboration de matériaux de calfeutrage à base de latex acryliques, qui restent souples et ne se fissurent pas.Quant aux toitures traditionnelles, elles sont de deux sortes : à chevrons, lorsque les poutres sont perpendiculaires à la panne faîtière (l'arête du toit), et à pannes, lorsque les poutres sont parallèles à la panne faîtière et soutenues de loin en loin par des structures porteuses appelées des fermes. Les toits à chevrons étaient les plus répandus, car ces derniers, plus courts et plus légers que les pannes, étaient plus faciles à mettre en place. Pourtant, les écarts d'ajustement entre la poutre faîtière et le dernier rondin du mur posaient parfois des problèmes de structure, notamment l'écartement des murs. Dans les constructions modernes, on maintient les murs par le biais des solives. Aujourd'hui, les toits à pannes sont plus répandus, car les poutres peuvent être soulevées mécaniquement et résistent mieux à l'affaissement.

Pages de droite et de gauche
Cette maison de Sun Valley, dans l'Idaho, est l'œuvre de l'architecte Jim Ruscitto. Elle associe le bois, l'enduit à la chaux, la pierre et le verre, ce qui lui permet de bien emmagasiner la chaleur. Par sa couleur et ses matériaux, cette maison, construite au milieu des saules et des herbes hautes, s'intègre parfaitement dans son environnement. Les murs reposent sur des pilotis masqués par des rochers, juste au-dessus d'un petit ruisseau. Les rondins dépassent à certains endroits, créant plusieurs petites cours cachées. La forme carrée des éléments en pisé contraste avec le profil allongé des rondins.

Dans les chalets actuels, les architectes choisissent de belles poutres qu'ils laissent apparentes. En utilisant des pannes plus grosses, ils peuvent se permettre de mettre moins de fermes, ce qui libère l'espace pour aménager les combles. Le grand retour des constructions à poteaux et poutres a également donné plus de liberté aux architectes. Avec ce procédé, la structure est constituée d'éléments porteurs de forte section. Les éléments secondaires (potelets, solives...) peuvent reprendre les efforts localisés et dans certains cas, des panneaux ou éléments de remplissage viennent consolider la structure. Dans les maisons modernes, généralement plus grandes, la structure et les joints sont souvent renforcés avec des chevilles en acier.

Si les maisons en rondins construites aujourd'hui aux États-Unis présentent une architecture originale, l'esthétique traditionnelle des cabanes de pionniers de la conquête de l'Ouest y est toujours présente. L'idée couramment répandue, selon laquelle les constructions en rondins auraient été introduites en Amérique du Nord par les Européens n'est qu'en partie exacte, car des siècles avant l'arrivée des colons, les Indiens d'Amérique vivant dans les régions forestières construisaient déjà des habitations en bois et des fortifications. Mais il est vrai que de nombreuses tribus indiennes furent influencées par les styles architecturaux des Européens et par leurs techniques de construction. Vers 1825, beaucoup abandonnèrent leurs huttes en pisé au profit d'habitations en bois.

Lorsque les colons s'installèrent, le territoire américain était constitué à 40 % de forêts. Le climat étant par ailleurs très rigoureux, la construction de maisons en bois semblait tout indiquée, d'autant que les immigrés avaient dans ce domaine un grand savoir-faire. Tandis que la population se développait à travers le continent, les habitations en bois se multiplièrent à grande échelle. On peut les

répartir en deux catégories : les cabanes rustiques des premiers pionniers, et les vastes fermes et ranchs des générations suivantes. Les premières, construites à la hâte au début de la conquête de l'Ouest, étaient souvent faites de troncs bruts, grossièrement empilés et assemblés en carré. Peu adaptées aux rigueurs climatiques, ces habitations sommaires ne résistaient pas plus d'une génération ou deux. Lorsque l'ensemble du territoire fut conquis, et que les colons commencèrent à s'installer, les zones de forêts furent déboisées pour laisser place aux cultures, à l'élevage et à l'exploitation minière. On construisit des maisons faites pour durer et pour résister aux intempéries, avec des rondins bien secs, écorcés, creusés à la main pour s'empiler parfaitement les uns sur les autres.

Au XIXe siècle, les colons d'Australie et de Nouvelle-Zélande firent la même expérience. La présence de vastes zones boisées, et les besoins urgents en logement, favorisèrent le développement de la construction en bois. Pourtant, depuis des siècles, les Maoris bâtissaient des « ponga », maisons faites d'une structure en bois remplie d'un empilement de troncs.

Pour des raisons économiques, la construction de maisons en bois massif aurait dû décliner, dès l'apparition de scieries mécanisées, capables de produire rapidement et à bas prix de grandes quantités de poutres et autres pièces de bois. Dans les régions boisées où la brique et la pierre coûtaient trop cher, les habitants optaient alors pour des maisons à ossature en bois. On démontait les cabanes en bois massif et on retaillait les rondins pour les recycler dans les nouvelles constructions, plus légères et plus vastes. Pourtant, malgré les nombreux avantages de ces habitations, moins coûteuses et de styles plus variés, on assista, à la fin du XIXe siècle, à un retour en force des constructions rustiques en rondins, motivé par un souci esthétique et nostalgique plus que par des impératifs économiques.

Ce mouvement commença à la fin des années 1880 avec la construction des « Great Camps » dans les Adirondacks (État de New York). Dans cet immense domaine se côtoyaient plusieurs grandes maisons en rondins dessinées par des architectes en vogue, sous la houlette de William West Durant. C'est dans ces retraites « rustiques » que les riches Américains, tels que les Vanderbilt et les Carnegie, venaient se reposer. Ces maisons conjuguaient plusieurs influences : les cabanes de pionniers comme Davy Crockett et Daniel Boone, les exploitations forestières et minières des Adirondacks et les chalets des Alpes. Faites de troncs d'arbres à peine écorcés, et agrémentées d'éléments décoratifs à base de branchages, elles ont inspiré de nombreuses résidences secondaires à travers tout le pays. Contrairement aux cabanes de pionniers qui leur servaient de modèles, ces maisons d'architectes étaient avant tout des caprices de riches citadins. Pourtant, elles n'en sont pas moins révélatrices d'une nostalgie de la conquête de l'Ouest, et d'un désir de retour à un mode de vie simple, proche de la nature. Symbole de la droiture morale et

Pages de droite et de gauche Cette grande maison se situe au cœur des Rocheuses, près d'Aspen, dans le Colorado. Largement inspirée par les chalets des « Great Camps » des Adirondacks, elle est faite de rondins de pin non traités, taillés dans des troncs d'arbres morts suite à un incendie dans le parc naturel de Yellowstone. Ce type d'arbre (mort après un incendie ou attaqué par des insectes) est généralement laissé sur pied pendant plusieurs années avant d'être abattu. Lorsqu'il est bien sec et dur, on le recycle souvent dans la construction. Entre les rondins empilés de cette maison, on a prévu une couche en polymère qui assure l'étanchéité, même en cas de retrait du bois. Dominant la réserve naturelle du North Star, entourée de trembles, cette maison, construite sur de gros rochers, s'intègre parfaitement dans le paysage.

Ci-dessus L'imposante structure en rondins se divise en une série de terrasses en bois.

À gauche On accède à la maison par un large escalier, dont la balustrade est faite de branchages.

de la fierté citoyenne américaines, la cabane en rondins fut également reprise par l'administration Roosevelt pendant la Grande Dépression. Pour lutter contre le chômage, le gouvernement embaucha des milliers d'ouvriers dans tous les parcs nationaux du pays pour construire des maisons de garde forestier, des tours de guet et des ponts.

Aux États-Unis toujours, le mouvement de retour à la nature qui s'était manifesté à la fin du XIXe siècle s'affirma de nouveau dans les années soixante et soixante-dix. La maison en rondins fut redécouverte par toute une génération de citadins désireux de fuir la société industrielle et de consommation. Ce mouvement était soustendu par une philosophie prônant la vie en autarcie, qui mettait en parallèle le bien-être spirituel et le retour à la terre. Dans ce contexte, vivre dans une maison en bois devenait le choix idéal, car contrairement au béton, au verre et à l'acier, le bois est un matériau écologique qui respire, favorisant ainsi naturellement une bonne ventilation à l'intérieur. Mais surtout, c'est un matériau éminemment décoratif, qui offre une symbiose avec la nature que l'on retrouve rarement dans les matériaux de construction modernes. Cet engouement pour le bois se généralisa, et, dans les années quatre-vingt, de nombreuses entreprises de construction commencèrent à proposer des maisons en kit, la plupart destinées à des résidences secondaires pour familles aisées. La décennie suivante, la plupart des maisons en rondins étaient des résidences principales, et les entreprises américaines se mirent à exporter leurs kits dans le monde entier, même dans des régions sans véritable tradition de logement en bois. Cette tendance s'explique en partie par l'image nostalgique qu'évoque la maison en rondins, mais aussi et surtout par l'intérêt accru des architectes et des constructeurs, qui ont su faire évoluer cette habitation, désormais à la pointe du design et de la technique.

Extrait d'une encyclopédie du XIXe siècle à l'entrée « Style rustique » : « Dans les maisons en bois, il est d'usage de prévoir un revêtement de planches sur lesquelles on cloue de petites branches dont on a conservé l'écorce, la mousse... »

Ci-contre et ci-dessus Le mobilier de cette véranda a été réalisé par un artisan local, Dave Fritchley, avec des branchages trouvés dans les bois environnants. Ces meubles ont beau s'inspirer du style des Adirondacks, cet artisan anglais, qui travaille sur des matériaux locaux, n'a pu s'empêcher de leur donner une petite touche plus « british ». La balustrade est elle aussi composée de branches, assurant une parfaite intégration de la maison dans son environnement.

À gauche et ci-dessous L'arc gothique de la porte et des fenêtres, les motifs composés de pommes de pin et de petites branches révèlent un réel souci du détail.

Page de gauche
Cette maison d'amis, située dans un domaine du Sussex, en Angleterre, s'inspire des « Great Camps » des Adirondacks. La structure repose sur six poteaux télégraphiques équarris. Les murs sont recouverts de rondins fendus en deux dans la longueur.

Les maisons à colombages

Typiquement anglaise et normande, la maison traditionnelle à colombage, faite d'une ossature en bois remplie d'un hourdis de petites branches et d'argile, se rencontre encore dans de nombreux villages du nord de l'Europe. Ce type de construction dit « à pans de bois » a également inspiré d'autres styles d'habitat à travers le monde. Jusqu'à la fin du XVIIIe siècle, dans les régions où la pierre était rare, on bâtissait la plupart des maisons en torchis ou en bois, tandis que la brique, plus rare et plus coûteuse, était réservée aux constructions plus monumentales, ainsi qu'aux cheminées. Le déboisement, entrepris pour dégager des terres arables, fournit la matière première, et les habitations à pans de bois se développèrent dans de nombreuses régions où les chalets en rondins n'étaient pas adaptés. En fonction du climat, de la mode et de la qualité du bois, la structure et le hourdis étaient soit recouverts (de planches, de chaux, de ciment ou de briques), soit laissés tels quels. Dans les régions froides de Scandinavie et d'Amérique du Nord, ainsi qu'en Australie et en Nouvelle-Zélande, les constructeurs recouvraient souvent leurs maisons de planches de bois pour les protéger des intempéries et améliorer l'isolation. En Europe du Nord, où le climat était plus clément et le bois plus rare, on laissait généralement les murs à pans de bois nus.

Construite au Pays de Galles, en 1678, et transplantée à Cardiff, au musée de la Vie galloise, cette ferme, au toit de chaume posé sur un treillis de noisetier, est typique de la région. Son ossature, remplie de branches et d'argile, repose sur une dalle pour éviter que le bois pourrisse.

En Europe du Nord, toutes les maisons à colombages étaient plus ou moins construites sur le même modèle, avec toutefois la variante des structures en arc. Les larges murs de bois faits de poutres verticales et horizontales, la plupart du temps en chêne, étaient surmontés d'un toit constitué de pannes, de chevrons et de fermes. Ce squelette était préassemblé sur un chantier où l'on pouvait effectuer plus facilement les différents ajustages, puis tous les composants étaient numérotés et démontés avant d'être transportés et remontés sur le site.

Un bâtiment à pans de bois se composait d'une série de poutres, de section carrée ou rectangulaire, juxtaposées. Les murs pignons étaient dotés de fermes pour répartir le poids de la toiture dans les poteaux d'angle.

Au départ, les poteaux verticaux étaient enfoncés directement dans le sol. Mais à partir du Moyen Âge, il fut d'usage d'élever un petit mur en pierre sur lequel on posait de larges poutres. C'est sur cette base que l'on fixait la structure. Toutes les maisons, hormis les plus pauvres, comportaient plusieurs sections, avec un toit d'un seul tenant. Lorsqu'on voulait agrandir l'espace, on pouvait rajouter d'autres sections de part et d'autre du bâtiment existant. On pouvait agrandir la pièce principale, véritable cœur du foyer au Moyen Âge, en supprimant les parois qui séparaient la pièce d'origine de son extension, en veillant toutefois à ne pas affaiblir la structure d'ensemble.

Les structures en arc nécessitaient de longues poutres légèrement recourbées à l'extrémité, taillées dans des troncs d'arbres coupés en deux dans la longueur. Ces poutres, dressées deux à deux en forme de

Ci-dessus Headcorn Manor, dans le Kent, Angleterre. Construite pour servir de presbytère après 1516, cette maison a été entièrement restaurée dans le style du Weald, une région du sud-est de l'Angleterre. Ce style se caractérise par une grande pièce centrale flanquée de part et d'autre d'ailes à un étage.

À gauche Transplantée au musée de la Vie galloise, la ferme Hendre'r-Ywydd Uchaf a été construite vers 1508 dans le Vale of Clwyd. Son propriétaire était un riche fermier. Son nom gallois signifie « la vieille maison dans les ifs ». Bâtie sur des fondations en pierre, elle a un toit de chaume soutenu par cinq arcs. Le hourdis se compose de branches de noisetier tressées sur des lattes de chêne. Poutres et panneaux ont été chaulés pour une meilleure protection.

À gauche Le Nant Wallter Cottage, construit entre 1760 et 1780 à Dyfed, au Pays de Galles, a été récemment transplanté à Cardiff, au musée de la Vie galloise. Ce cottage illustre parfaitement la traditionnelle structure en arc. Son toit de chaume, posé sur un treillis en noisetier, est soutenu par deux arcs. Les murs chaulés sont hourdis de « clom », un mélange d'argile, de pierres, et de paille ou de fougère.

Ci-dessus Smallhythe Place, à Tenterden, dans le Kent, construite en 1516 après un grand incendie, abrite aujourd'hui le musée Ellen Terry. L'étage à encorbellement, sur toute la façade, renforce la stabilité de l'édifice et agrandit les pièces de l'étage. Les poutres ne sont pas traitées, et le hourdis est peint en jaune. La densité du colombage témoigne de la richesse du premier propriétaire.

« A », s'élevaient du sol jusqu'à la panne faîtière, remplissant ainsi le rôle de structure pignon. La partie supérieure en « A » formait le profil du toit, soutenant les pannes et les chevrons, tandis que la partie inférieure remplissait la fonction de poteau d'angle, transmettant le poids du toit directement dans le sol sans passer par une structure pignon. Cette charpente en arc présentait un autre avantage : alors que dans les maisons plus courantes, chaque section était séparée par une structure plus complexe soutenant la toiture, dans celle-ci, l'espace sous combles était ininterrompu. Mais cette méthode avait cependant un inconvénient. La taille de la maison dépendait des disponibilités en bois, puisqu'il fallait plusieurs troncs d'arbres de même taille et de même profil pour construire une maison de plus d'une section.

Pour pallier cet inconvénient, certains constructeurs combinaient les deux méthodes dans une même maison, afin d'en augmenter la largeur. De part et d'autre de chaque arc, on rajoutait des extensions à l'aide d'une structure en bois plus classique à base de poteaux d'angle et de poutres. Et sur ces deux ailes, la toiture était prolongée d'un seul tenant. L'augmentation de la surface habitable se faisait au détriment de la luminosité de l'espace central, les intérieurs étant en général assez sombres. Le manque de lumière était inhérent à ces constructions à pans de bois, car les portes et les fenêtres ne pouvaient se loger que dans les espaces étroits entre les poutres verticales ou les écharpes en diagonale destinées à renforcer le mur.

À droite Hartnup House, à Smarden, dans le Kent, se trouve au pied de St Michael, une église en pierre du XIVe siècle. Cette maison porte la date de 1671, mais cela concerne uniquement le pignon et les fenêtres, le reste datant du XVIe siècle.

Ci-dessus, de gauche à droite Chessenden House, imposante demeure médiévale de Smarden, dans le Kent, caractérise bien le style de la région du Weald : une salle centrale flanquée de deux ailes à étage en saillie, et surmontée d'un toit en demi-croupe. Au XVIIe siècle, on aménagea un étage au-dessus de la pièce centrale et on ajouta des fenêtres à l'étage, ainsi qu'un pignon.

À droite La Maison du Dragon, à Smarden, est une bâtisse médiévale en forme de « L ». Elle a subi quelques modifications au XVIIe siècle, entre autres la frise ornée de dragons.

On pouvait éventuellement supprimer une poutre verticale pour dégager un espace et agrandir une fenêtre, mais cette solution affaiblissait la structure.

Au début du XIVe siècle, on vit apparaître une nouvelle technique destinée à renforcer la structure des maisons à colombages : le porte-à-faux. Les poutres et les solives de l'étage étaient prolongées au-delà du mur et soutenues par des consoles ou par des poteaux. L'étage supérieur en saillie était bâti sur une assise en bois fixée aux solives. Cette projection augmentait non seulement la taille des chambres de l'étage, mais servait aussi de porte-à-faux, renforçant ainsi la structure. Au début du XVIIe siècle, les étages en saillie commencèrent à disparaître, car le bois fut un temps réservé à la construction navale, et les gouvernements, inquiets des risques d'incendie dans les ruelles étroites des villes, s'efforcèrent de promouvoir les constructions en brique ou en pierre.

La quantité de bois utilisée dans les maisons à colombages était fonction de la qualité et de la disponibilité du matériau, ainsi que de la richesse du propriétaire. Dans les régions peu boisées, les maisons modestes présentaient un colombage très aéré à base de poutres étroites, avec beaucoup de hourdis, alors que dans les régions riches

En haut à gauche Berriew, Pays de Galles. Ce presbytère date de 1616, mais il est doté d'une extension en brique plus récente. Les colombages de l'élément central en saillie dessinent un motif à quatre branches.

Ci-dessus Berriew, Pays de Galles. Cette maison du début du XVIIIe siècle est construite selon des techniques plus anciennes. En effet, les écharpes courbées sont plutôt caractéristiques des colombages de la fin du XVIIe.

À droite (haut et bas) Berrington Manor, près de Shrewsbury, Angleterre. Ce presbytère du milieu du XVe siècle (pour la partie droite) a été agrandi en 1658. Les motifs arrondis sont à la fois décoratifs et structurels.

Page de droite Le village de Weobley, près de Hereford, en Angleterre, possède de nombreuses maisons à colombages des XIVe et XVe siècles. Celle-ci, baptisée « Le Trône » et construite vers 1600, est d'une forme assez sommaire pour l'époque.

en bois de bonne qualité, les maisons, souvent plus imposantes, utilisaient des poutres très épaisses. Les colombages denses, à motifs géométriques et intégrant des écharpes courbées, sont synonymes de prospérité, de même que les poteaux sculptés, percés ou tournés, les plaques murales, les auvents de porte et de fenêtre.

Le hourdis le plus ancien et le plus répandu se composait d'un treillis de petites branches enduit d'argile. Dans chaque section du colombage, on commençait par tendre des lattes de chêne, verticalement dans les grands espaces carrés, et horizontalement dans les espaces plus serrés. Puis on tressait de fines branches (le plus souvent de noisetier) entre les baguettes, et l'on recouvrait le tout d'un mélange de sable, de chaux, de paille coupée et de fumier. La première couche

L'apparence des maisons à colombages pouvait changer radicalement selon le traitement du bois et le choix du hourdis. Les styles variaient d'une région à l'autre, mais ont aussi évolué dans le temps, suivant les progrès techniques et les caprices de la mode.

Ci-dessous Brookgate est l'un des plus vieux manoirs du Shropshire, entre l'Angleterre et le Pays de Galles, dont l'aile la plus ancienne date de 1350. C'était un grand espace ouvert, doté d'une unique petite pièce séparée au fond, qui sert maintenant de salon. En 1500, on rajouta une aile, formant ainsi un « L ». L'extrémité de cette première structure fut détruite en 1612, et une nouvelle pièce centrale fut construite. La maison prenait désormais la forme, typique de l'époque, d'un grand hall flanqué de deux ailes. Aujourd'hui, cette demeure a été entièrement restaurée par l'architecte Graham Moss, spécialiste des structures en bois. Il a rajouté des consoles en fonte pour soutenir la gouttière (en bas, à gauche). Les manoirs de l'époque élisabéthaine (XVIIe siècle) n'avaient pas de gouttières, mais ces fines consoles de style Arts and Crafts s'harmonisent parfaitement avec le reste du bâtiment.

servait à boucher les trous, la seconde à aplanir la surface. Même dans les climats tempérés, il était nécessaire d'appliquer plusieurs couches de chaux blanche, au moins tous les deux ans, pour assurer l'étanchéité des panneaux. En outre, la chaux avait une fonction fongicide et insecticide. Dans certaines régions, les fines branches de noisetier étaient remplacées par des lattes de chêne ou de châtaignier, qui formaient un panneau relativement étanche ne nécessitant pas d'enduit. Avant la fin du XVIIIe siècle, l'utilisation de briques était encore assez rare, sauf quand elles étaient produites localement. Mais avec la Révolution industrielle, elles devinrent meilleur marché, et remplacèrent bien souvent le hourdis traditionnel. Les motifs de remplissage en brique variaient selon les régions, mais de manière générale, les motifs simples à l'anglaise et à la flamande se retrouvaient dans les maisons les plus humbles, tandis que les plus compliqués, en losange ou à chevrons, caractérisaient les demeures plus imposantes. Il arrivait que la brique soit recouverte de plâtre, puis de chaux pour imiter le hourdis traditionnel.

Les ossatures en bois de qualité, comme le chêne, étaient en général laissées à l'état naturel. Mais avant le XIXe siècle, on préférait souvent chauler le bois pour le protéger, ce qui lui donnait une patine argentée. Plus rarement, le bois était traité avec du sang de bœuf, et prenait alors une teinte rouge foncé, tandis que dans les régions humides, on utilisait une teinture à base d'eau et de pigment de charbon. En Angleterre, dans les West Midlands, au XIXe siècle, on mit au point une technique consistant à badigeonner le bois de goudron, ou de brai issu de la distillation de la houille. Cette technique, dite du « noir et blanc », créait un contraste saisissant entre le blanc du hourdis et le noir du bois. Elle se répandit bientôt dans toute l'Europe du Nord et des centaines de maisons à colombages furent redécorées dans ce style.

Au début du XIXe siècle, les constructions en brique, en pierre et en ciment ont peu à peu remplacé les maisons à colombages. Pourtant, la beauté intemporelle de ces demeures traditionnelles inspira de nombreux styles architecturaux. Aux États-Unis, dans les années 1860 et 1870, le Stick-style reprit sous forme décorative le principe du bois apparent, surtout sur les murs pignons et aux étages, pour évoquer une ossature. Plus tard, certaines maisons de style Queen Anne, entre 1880 et 1910, adoptèrent dans leur maçonnerie les motifs du colombage. À la même époque, les cottages du mouvement Beaux-Arts, aux États-Unis, intégrèrent eux aussi certains aspects du colombage : vérandas soutenues par de lourds poteaux de section carrée, solives en saillie aux extrémités sculptées, et consoles sculptées de motifs végétaux ou animaliers. En Angleterre, les maisons Arts and Crafts de l'architecte Sir Edwin Lutyens présentaient elles aussi des colombages, de même que les imitations de maisons Tudor du début du XXe siècle. Mais la référence la plus manifeste se trouve dans les maisons dites « Tudorbethan » des années vingt et trente, construites dans les cités-jardins des banlieues de Londres, véritables hommages modernes au savoir-faire des artisans d'autrefois.

En haut Château de Stokesay, dans le Shropshire. Cette maison de gardien se trouve à l'entrée d'un manoir fortifié datant du XIIIe siècle. Les motifs à quatre branches sont typiques des marches galloises, mais de telles décorations sur une maison de taille aussi modeste indiquent que le propriétaire était aisé.

Ci-dessus Pitchford Hall, dans le Shropshire, a été entièrement restauré au XIXe siècle. C'est une structure à pans de bois traditionnelle, qui permet l'agrandissement progressif par l'ajout d'ailes.

Les maisons en bois à bardages

Avec son bardage de bois, la « weatherboard house » est la maison du Nouveau Monde par excellence. Elle évoque aussitôt les habitations des colons, recouvertes de planches de cèdre, patinées par la pluie et le soleil, ou peintes de couleurs claires, blanc, crème, bleu ciel, jaune ou vert. Dans les pays densément boisés, c'était la solution idéale, le bardage servant à isoler et à protéger des intempéries. La forme de ces maisons était simple, la porte d'entrée ouvrant sur un grand hall distribuant les pièces. La sobriété de la façade permettait aux architectes d'exprimer leur créativité, et de fait, ces maisons à bardages de bois ont inspiré un grand nombre de styles architecturaux, tant aux États-Unis avec les « Painted Ladies » joliment décorées, qu'en Australie avec les immenses « Queenslanders » et leurs vérandas ombragées.

À gauche et ci-dessous Burr Tavern est une maison en pin blanc, construite vers 1835 à East Meredith, sur la route de New York. À l'origine, elle était recouverte d'une peinture au plomb blanche, mais son propriétaire actuel, Chris Ohrstrom, l'a repeinte en ocre.

Ci-contre Maison de style néocolonial tardif, à Greenwich Village, New York. Les fenêtres à guillotine, entourées de volets à jalousies, sont placées de façon symétrique sur toute la façade, selon le style néoclassique. Le linteau en corniche au-dessus de la porte d'entrée, avec ses sobres moulures, est caractéristique du milieu du XVIIIe siècle.

En haut à droite Cette maison de marchand, au bord d'un fjord près de Bergen, en Norvège, date de 1690. Une aile a été rajoutée en 1840, date à laquelle on a posé le bardage. La maison donne sur le port. Sa couleur blanche témoigne de la richesse de son propriétaire, alors qu'autrefois l'arrière était recouvert d'une peinture rouge meilleur marché.

Ci-contre Cette grange norvégienne en bois, peinte de couleur ocre, remonte au Moyen Âge, sauf le toit en tuiles qui date de la fin du XVIIIe siècle.

Dès la fin du XVIIIe siècle, en Europe du Nord, les ressources en bois commencèrent à s'épuiser, et peu à peu la brique et la pierre s'imposèrent. En revanche, en Scandinavie, en Amérique du Nord, en Australie et en Nouvelle-Zélande, la richesse des forêts fait qu'aujourd'hui encore, dans certaines régions, le bois demeure le principal matériau de construction.

Les différentes caractéristiques de l'habitat traditionnel sont liées en grande partie au climat, à la topographie régionale, et surtout, avant l'avènement de la production de masse et le développement des transports, à la disponibilité des matériaux. À l'exception du Danemark, où l'on construisait beaucoup de maisons en pierre ou en argile, les pays scandinaves, grâce à leurs immenses forêts, ont toujours privilégié les maisons en bois massif ou à ossature bois. Les hivers étant rigoureux et les chutes de neige abondantes, ces maisons sont le plus souvent recouvertes de planches de bois, horizontales ou verticales, pour protéger les murs du vent, de la pluie et de la neige, et isoler l'intérieur.

En haut à droite Militia House, à Smarden, dans le Kent, Angleterre. Son bardage date de la fin du XVIIIe siècle. La corniche, composée d'une série de petits blocs de bois espacés et saillants, présente un motif ornemental typique de la région.

À droite The Battery, également située dans le Kent. Cette bâtisse servait à loger les marins cantonnés sur la côte. Le bardage date de la construction en 1873. Si la majorité des maisons anglaises à bardages de bois sont peintes en blanc, celle-ci a toujours été bleue à cause de son lien avec la Marine.

Ci-contre et à gauche Maison d'Isaac Stevens, à Wethersfield, dans le Connecticut. Construite en 1788-1789 pour un riche artisan du cuir, elle possède une façade très élaborée donnant sur la place, qui affichait l'aisance du propriétaire, tandis que l'arrière (notre photo) était beaucoup plus sobre. Wethersfield, l'une des communautés les plus anciennes des États-Unis, conserve encore 200 maisons construites avant 1850.

La technique du bardage est originaire de Norvège, où on l'utilisait déjà pour les églises (les fameuses *stavkirke*) aux XIIe et XIIIe siècles. Il s'agissait de robustes ossatures en bois faites de poutres et poteaux porteurs, fermées à l'extérieur par un revêtement de poutres en bois massif. Ce procédé se développa à grande échelle au XVIIe siècle dans tous les pays scandinaves, grâce à la mécanisation des scieries, qui fut beaucoup plus précoce ici que dans les autres pays d'Europe. Au début du XIXe siècle, en Suède, on vit apparaître le style « Viking » ou « Dragon », qui se répandit par la suite au Danemark et en Norvège. Des villas, des hôtels, des sanatoriums et même des gares furent ainsi construits, intégrant à la fois le bois massif et

Ci-contre Hempstead House, à New London, dans le Connecticut. Cette maison date de 1678, et grâce au journal de Joshua Hempstead, qui en détaille toutes les améliorations et réparations, elle nous renseigne sur les constructions en bois du XVIIe siècle. Le corps de la maison est en chêne, mais une extension fut construite 50 ans plus tard, principalement en pin. Les fenêtres à petits carreaux étaient moins coûteuses que les autres. Importées d'Angleterre, elles étaient très répandues dans cette région jusque vers 1770.

Ci-dessus et ci-contre La Buttolph Williams House, à Wethersfield, date de 1715, dans un style déjà ancien pour l'époque. Elle est bâtie sur une assise en pierre, avec une structure en poteaux et poutres et un toit à bardeaux (*shingles*).

l'ossature bois, ainsi que le bardage, horizontal ou vertical, et une profusion de détails ornementaux, consoles et balustrades décorées d'étonnants motifs de dragon et autres monstres marins, en hommage à la glorieuse époque des Vikings. À partir des années 1880, Suédois et Danois commencèrent à se lasser de ce style, tandis que les Norvégiens y restèrent fidèles jusqu'à la fin du siècle, marquant ainsi leur émancipation par rapport à la puissance suédoise dont ils voulaient se libérer.

Aux XVIIIe et XIXe siècles, en Angleterre et dans d'autres régions moins montagneuses d'Europe du Nord, les maisons à colombages étaient souvent recouvertes d'un bardage en bois, en général horizontal, pour protéger le hourdis des intempéries et faciliter ainsi son entretien. En effet, lorsque ce dernier s'abîmait, il fallait réparer ou remplacer les panneaux. Plus tard, lorsque la brique fut largement commercialisée à des prix beaucoup plus abordables, elle remplaça le hourdis traditionnel, de sorte que le bardage devint inutile.

En Amérique du Nord, les premiers colons européens s'installèrent sur le littoral atlantique, puis s'établirent peu à peu à l'intérieur des terres. Ils introduisirent alors leurs techniques traditionnelles de construction en bois, ainsi que leur savoir-faire qu'ils

purent exploiter librement sur ce nouveau continent densément boisé. Ainsi, la plupart des maisons d'Européens utilisaient ce matériau, la brique et la pierre étant généralement réservées aux fondations et aux cheminées. Même dans les demeures en brique ou en pierre, le bois restait le matériau de prédilection pour le toit, les clôtures, le porche, les fenêtres et les portes. Les colons allemands construisirent des maisons à colombages en Caroline du Nord et dans le Wisconsin, et les Français dans la vallée du Mississippi et sur le littoral du golfe du Mexique. Dans ce dernier cas, le hourdis était en terre ou en pierre. Mais dans certaines régions, la rudesse du climat était telle que les colons durent adapter leurs constructions traditionnelles en recouvrant les murs de planches de bois, et en remplaçant les toits de chaume par des toits en *shingles* (sortes de tuiles en bois).

De nombreux styles architecturaux se développèrent pendant la période de la colonisation. Dans les états du Sud, par exemple, les maisons étaient bâties selon les mêmes principes, souvent de plain-pied, avec une grande pièce centrale commune, des pignons très pointus agrémentés de lucarnes, et une cheminée en brique à chaque extrémité du toit. En Nouvelle-Angleterre, les grandes demeures construites au cours de la seconde moitié du XVIIe siècle présentaient des éléments communs avec les maisons de style Tudor et élisabéthain, à savoir un étage en saillie, une imposante cheminée au milieu du toit, quelques fenêtres et des plafonds bas. Dans la plupart de ces

Ci-dessus Petit cottage du XIXe siècle dans le Massachusetts.

À droite et en haut Chase Hill Farm, dans l'État du Rhode Island, États-Unis. Cette maison à un seul niveau, construite en 1792, a été restaurée par Stephen Mack. Comme beaucoup d'habitations de Cape Cod, et plus généralement de Nouvelle-Angleterre, elle possède une cheminée au centre du toit. Les troncs de chêne qui constituent son ossature ont été équarris à la main, puis assemblés par tenons et mortaises. Les planches du bardage ont également été taillées et rabotées à la main.

Ci-dessous et en bas La Joseph Webb House de Wethersfield date de la fin du XVIIIe siècle. Elle est tout à fait typique des maisons des riches marchands du Connecticut, qui firent fortune en développant des échanges commerciaux sur le fleuve Connecticut. L'architecture de cette maison, tant à l'intérieur qu'à l'extérieur, a été construite dans le style néoclassique en vogue à cette période en Amérique du Nord.

maisons, on rajouta par la suite des appentis à l'arrière, dotés de toits très pentus.

Pendant la période dite « fédérale », c'est-à-dire les quelque soixante années qui suivirent la guerre d'indépendance, jusqu'aux années 1840, nombre de maisons en bois s'inspirèrent du style néoclassique élaboré par les frères Adam, architectes anglais qui allaient aussi marquer la décoration intérieure. Grâce aux nouvelles techniques de découpe du bois, et à la standardisation des clous, les constructions en bois gagnèrent en qualité, et on s'efforça d'être attentif aux finitions et aux détails. La grande majorité des maisons en bois construites pendant cette période ont un très beau bâti, et sont presque toutes recouvertes d'un bardage, généralement en pin, et décorées de frises. En Nouvelle-Angleterre, on rajouta des porches en bois, tandis que dans le Middle West et dans de nombreux états du Sud, on préférait les vérandas. Celles de style néoclassique avaient des éléments de balustrade galbés ou droits, de section carrée.

Si ces maisons présentaient un raffinement extrême, la technique de construction à proprement parler n'était pas sans inconvénient. En effet, la réalisation d'une maison selon les méthodes traditionnelles

Ci-dessus Située sur le domaine de Chase Hill Farm, cette petite bâtisse à une pièce, dotée d'une cheminée en pierre placée à l'extrémité du toit, a été construite par des colons au XVIIe siècle dans l'État du Rhode Island. Ces maisons avec un pignon en pierre ne se trouvent que dans cette région.

À gauche La Simon Huntington Tavern à Norwich, dans le Connecticut, a été construite en 1703, et entièrement rénovée en 1768. Sa structure à poteaux et poutres en chêne est recouverte d'un bardage de planches sciées à la main et assemblées avec des clous fabriqués à la main. Le chêne, bois de prédilection des colons venus d'Angleterre, était abondant dans cette région. Lors d'une récente restauration, l'architecte Stephen Mack a choisi pour les murs extérieurs une couleur qui reproduit fidèlement la teinte d'origine.

Ci-contre Cette petite maison jaune des années 1840 est flanquée d'une grange du XVIIIe siècle construite selon des techniques traditionnelles. Elle a été déplacée de Stockbridge à Harvard, dans le Massachusetts, et restaurée par Stephen Mack.

était un processus lent, exigeant un grand savoir-faire. Scier le bois à la main, préparer les tenons et les mortaises, creuser les rainures, percer des trous, fabriquer les chevilles et assembler le tout nécessitait des outils de professionnel et une expérience d'artisan confirmée. Les colons européens comptaient parmi eux un grand nombre de spécialistes de talent, mais ils n'étaient malheureusement pas assez nombreux pour répondre aux besoins en logement d'une population en pleine expansion. En revanche, on pouvait faire fabriquer les structures en bois en atelier, avant de les transporter sur le site pour les assembler. Ainsi, de nombreuses maisons préfabriquées furent expédiées d'Europe vers la côte Est du Nouveau Monde. Or, s'il était facile de les acheminer vers les grandes villes côtières, il était en revanche nettement plus difficile de leur faire traverser le continent, car les réseaux routier et ferroviaire en étaient encore aux balbutiements.

C'est pour pallier ces inconvénients que la nouvelle technique de la « charpente ballon » fut mise au point à Chicago en 1833. Cette solution extrêmement efficace combinait plusieurs progrès techniques, en particulier la standardisation des clous et la mécanisation des scieries. En vingt ans à peine, le « balloon-framing » devint la principale technique de construction utilisée dans les villes de l'ouest des États-Unis. Son nom vient de ce que certains charpentiers et menuisiers, sceptiques quant à la solidité de cette structure, pensaient qu'elle était si légère qu'elle risquait de s'envoler au moindre coup de vent, comme un ballon. Mais leurs craintes restèrent sans fondements car ces constructions s'avérèrent très solides. Elles furent même à l'origine du développement des zones urbaines et périphériques, ainsi que de l'amélioration des conditions de vie dans les villes à partir du XIXe siècle. Aujourd'hui, environ trois quarts des maisons américaines sont bâties selon cette technique.

La première charpente ballon fut celle construite pour l'église St Mary à Chicago. Réalisée par un charpentier du Connecticut, Augustine Taylor, elle est de plain-pied, mesure 11 mètres de long sur

À la fin du XVIIIe et au début du XIXe siècle, de nombreux constructeurs illustrèrent l'intérêt grandissant pour l'architecture classique, en intégrant dans leurs travaux un foisonnement de détails ornementaux. Certains éléments stylistiques présents sur la pierre étaient copiés sur bois. On vit apparaître de nombreuses copies de bâtiments en pierre de style classique. Cette maison de style néoclassique, située à Stonington, dans le Connecticut, avait perdu tous ses ornements au fil des ans. Grâce à des documents d'époque, Stephen Mack lui a redonné son aspect d'origine, notamment la façade qui suit le même design, les techniques de construction et les matériaux.

7,5 mètres de large, et est recouverte d'un toit à pignon très bas. Elle fut achevée en trois mois, et coûta environ 400 dollars, soit moitié moins de temps et d'argent nécessaires à l'édification d'une église à ossature bois selon des techniques traditionnelles. Une fois St Mary terminée, les maisons en balloon-frame commencèrent à se multiplier sans discontinuer. Cette nouvelle structure, si critiquée à l'origine, fit bientôt l'unanimité. En octobre 1834, un écrivain constatait que si la ville ne comptait que quelque 50 maisons de ce type l'année précédente, il en avait « recensé 628 dimanche dernier, dont 212 [étaient] des magasins. Il s'en construit environ quatre à cinq par jour ». Les annales de l'époque montrent qu'entre la commande et la livraison, il ne s'écoulait qu'une semaine.

Le principe de cette technique est assez simple et présente de nombreux avantages sur le plan de la structure et de la construction. Au lieu de mettre en œuvre de lourds poteaux et poutres porteurs assemblés par tenons et mortaises, elle utilise en effet une ossature très légère, entièrement composée d'éléments en bois de section relativement faible (que ce soit pour les montants, les solives, les chevrons...), assemblés à l'aide de simples clous, et de façon que l'effort s'exerce contre le fil du bois. Les montants verticaux sont d'un seul tenant, de la lisse basse à la couverture, et les éléments horizontaux sont cloués par-dessus. Cette cage peut ensuite être recouverte, à l'intérieur comme à l'extérieur, de différents parements. Au départ, on employait surtout des planches, et pour la toiture, des *shingles*, sortes de tuiles de bois.

Ci-dessous Aspen, Colorado. Cette « painted lady » datant de 1885 associe les couleurs lilas, bleu, rouge, vert et safran. Pour qu'une maison porte ce nom, sa façade doit avoir au moins trois couleurs.

Ci-dessous à droite Aspen, Colorado. Cette « painted lady » date de 1883. Elle a été décorée dans le style Stick-style (version montagnarde). Le pignon à 25 couleurs est typique du Colorado.

En bas Roseland Cottage, ou « la maison rose ». Elle a été construite en 1846 à Woodstock, dans le Connecticut. Avec son bardage vertical, c'est un parfait exemple du style néogothique.

À l'extrême gauche, ci-contre, ci-dessous et en bas à gauche La véranda est une constante dans les maisons en bois d'Australie et de Nouvelle-Zélande. Elle a été adoptée par tous les architectes désireux d'adapter leurs constructions aux exigences du climat subtropical. Elle permet en effet de laisser circuler l'air, et de maintenir au frais les murs et l'intérieur de la maison, tout en fournissant un espace de repos agréable. Pour optimiser la circulation de l'air, de nombreuses vérandas sont dotées de panneaux en treillis de bois et de balustrades légères, plus ou moins décorées selon la valeur de la maison.

À l'extrême droite Auckland, Nouvelle-Zélande. L'angle de cette maison du XIXe siècle possède de nombreux éléments associés au style italianisant, très en vogue pendant la seconde moitié du XIXe siècle. Citons entre autres le toit en saillie, soutenu par des consoles, et les ouvertures hautes et étroites. L'utilisation de couleurs contrastées sur le bardage et les encadrements de fenêtres sert à mettre en valeur les proportions des différents éléments.

Les charpentiers, ainsi que les habitants de maisons traditionnelles, furent nombreux à critiquer la fragilité de ces structures, les qualifiant de vulgaires « baraques ». Mais le reste de la population de Chicago, très mal logée, eut raison de ne pas tenir compte de ces mises en garde. Le balloon-frame fut bientôt accepté par la majorité des architectes et des constructeurs. En 1865, le *Woodward's Country Homes*, un manuel de construction très répandu à l'époque, signalait : « La structure balloon-frame peut paraître légère. Son nom lui a été donné avec mépris par ces vieux barbons de charpentiers

À gauche Sur ce lac du New Hampshire, les îles abritent un certain nombre de maisons de ce type. Elles n'ont guère changé depuis leur construction au début du XXe siècle par des pasteurs méthodistes et des maîtres d'école qui les utilisaient pour accueillir des camps de vacances en été. Ces maisons n'ont toujours ni l'eau courante, ni l'électricité.

à qui on a appris à enlever au bois toute sa force et sa solidité en y taillant des tenons et mortaises, alors que cette nouvelle structure, quant à elle, utilise au mieux toutes les propriétés du bois sans l'affaiblir. » Bien que ce point de vue soit techniquement contestable à bien des égards, il est vrai que les soi-disant « baraques » en balloon-frame pouvaient rivaliser en solidité avec leurs ancêtres. Signalons tout de même que les maisons traditionnelles tombaient souvent en ruine par manque d'entretien : l'humidité se logeant dans les jointures, le bois finissait par pourrir. Le logement était un enjeu tellement important qu'il devenait un véritable problème de société, et les débats sans fin sur les mérites du balloon-frame n'étaient pas réservés aux seules revues spécialisées. En effet, nombre de magazines s'emparèrent du sujet. Solon Robinson, journaliste responsable des articles sur l'agriculture au *New York Tribune*, se plaisait à remarquer combien cette technique était simple : « Préparer et monter la charpente d'un bâtiment [traditionnel] de façon que tous ses éléments s'emboîtent correctement nécessite un savoir-faire de maître artisan, et beaucoup de main-d'œuvre pour lever les lourds poteaux. Construire un bâtiment en balloon-frame, en revanche, nécessite à peu près autant d'habileté que pour fabriquer une clôture en bois. » Si cette affirmation est bien sûr très exagérée, il est vrai que la légèreté des éléments et la rapidité d'assemblage facilitèrent, au milieu du XIXe siècle, le développement de tout un secteur de vente de maisons par correspondance. Les colons de l'Ouest pouvaient acheter des maisons préfabriquées, et même des églises, à des entreprises établies sur la côte Est. Pendant les années 1850, dans les ateliers de New York, on fabriquait quelque 5 000 maisons tous les ans pour pallier la crise du logement qui frappait la Californie. Au tout début, les moyens d'acheminement étaient divers, certains transporteurs passant en bateau par le cap Horn, tandis que d'autres faisaient transporter leurs matériaux à dos de mule par l'isthme de Panama. Lorsque le réseau ferroviaire commença à se développer, les maisons traversèrent le continent en train.

Au départ, on adopta la charpente ballon à cause de son prix de revient peu élevé, et de sa grande facilité d'assemblage. Mais à partir de la seconde moitié du XIXe siècle, on commença à apprécier et à exploiter ses nombreuses possibilités architecturales. Les architectes remarquèrent qu'il était bien plus simple d'intégrer des éléments complexes, tels que les fenêtres en saillie (*bow-windows*), dans une structure à balloon-frame que dans les autres ossatures en bois. En outre, grâce aux progrès techniques, les scieries produisaient à moindre coût les chevrons nécessaires à la construction des maisons, dont la taille augmenta d'autant. De même, les différents éléments tels que fenêtres, portes, consoles et détails ornementaux pouvaient

L'invention du « balloon-frame » permit tant aux citadins qu'aux paysans de se faire expédier, par des entreprises installées à l'Est, des maisons et des églises préfabriquées.

Ci-dessus, ci-contre et page de gauche La grande véranda en pin, meublée simplement de quelques rocking-chairs de style Shaker et de chaises d'inspiration rustique, offre une vue imprenable sur le lac.

être produits en masse, dans toutes sortes de styles, ce qui garantissait un prix bien plus avantageux que celui des mêmes éléments fabriqués à la main. Pendant cette période, le nombre des architectes augmenta considérablement. Toujours influencés par les techniques et les styles européens, modernes ou traditionnels, ils développèrent aussi des styles typiquement américains, destinés à une population de plus en plus prospère et soucieuse de vivre dans un habitat qui concrétise son ascension sociale.

Aux États-Unis, on recense au moins huit styles architecturaux, qui s'imposèrent à partir de la seconde moitié du XIXe siècle et jusqu'à la Première Guerre mondiale. Ils ont cependant tendance à se superposer, et beaucoup de maisons empruntent en fait des éléments architecturaux à plusieurs styles. Mais la tendance commune est celle d'une architecture victorienne. À l'exception du style dit « Richardsonien », d'inspiration néoromane, qui introduit des façades en pierre grossièrement taillée, tous ces styles font appel au bois, que ce soit pour l'ossature ou la décoration.

Aux États-Unis, dans la seconde moitié du XIXe siècle, on comptait au moins huit styles architecturaux.

Les premiers styles historicisants, néogothique et italianisant, apparurent dans les années 1830. Inspirés des maisons anglaises de style Regency, ils reflètent l'intérêt des Américains pour l'histoire de l'architecture. Nombre de ces maisons néogothiques étaient conçues selon des plans irréguliers, fantaisistes, avec des toits à pignon très pointus, des parapets crénelés et des fenêtres surmontées d'arcs gothiques. Le plus souvent, leurs murs étaient couverts d'un bardage vertical, renforçant ainsi leur aspect longiligne. Quant aux maisons de style italianisant, elles avaient de hautes fenêtres étroites, surmontées d'architraves d'inspiration classique. Elles sont généralement dotées d'un toit à faible pente, parfois mansardé, avec de grandes avancées de toit soutenues par des consoles. Les toits mansardés, inventés au XVIIe siècle par François Mansart, l'architecte de Louis XIV, furent très appréciés en Amérique, non seulement parce que leur origine française

Ci-contre et à droite Long Island. Cette maison utilise la technique des poteaux et des poutres. Construite en 1985 dans la plus grande forêt de pins de l'État de New York, elle a été assemblée sur ce site après avoir été élaborée dans le New Hampshire par Timberpeg.

leur conférait un certain chic, mais aussi parce qu'avec leur largeur plus grande, ils permettaient d'aménager les combles, jusqu'à présent inexploités, en lieu de vie ou en espace de rangement.

Les maisons de style italianisant, d'inspiration classique, furent en vogue jusqu'à la fin du XIXe siècle. Le goût pour le Moyen Âge, qui avait donné naissance au style néogothique, inspira aussi le Stick-style, ainsi que le style Queen Anne. La majorité des maisons en Stick-style furent édifiées dans les années 1860 et 1870, dans l'esprit des demeures à colombages anglaises. Leurs toits pentus avec de

profonds avant-toits ne sont pas sans rappeler ceux des maisons néogothiques, même si elles diffèrent sur le plan de l'ornementation, notamment les pannes et chevrons apparents, ainsi que les motifs décoratifs en relief obtenus grâce à un arrangement vertical et diagonal de baguettes de bois.

C'est ce même Stick-style, inspiré de l'architecture néogothique et italianisante, qui ouvrit la voie au style américain Queen Anne (différent du Queen Anne anglais), très en vogue de 1880 à 1910. En Angleterre, ce style, illustré par les réalisations du grand architecte Richard Norman Shaw (1831-1912), s'appliquait à des maisons en bois à colombages ou en maçonnerie à motifs de colombage. Le style Queen Anne d'outre-Atlantique, quant à lui, pouvait s'enorgueillir de volumes plus complexes et de motifs ornementaux en bois. Les toits étaient encore plus pentus, et souvent plus complexes dans leur forme, avec des projections, des pignons, des étages en saillie et des tours. Les murs extérieurs étaient recouverts de *shingles*, de motifs en brique et d'inserts de terre cuite. On retrouve l'influence de l'architecte anglais Charles Locke Eastlake (1833-1906) dans de nombreuses maisons de style Queen Anne et Stick-style. Montants de porches, balustrades et clés pendantes d'aspect massif, frises et balustrades très élaborées, tous ces éléments caractérisent le style Eastlake très en vogue aux États-Unis à la fin du XIXe siècle.

Ci-dessus Sun Valley, Idaho. Cette maison, conçue par l'architecte Mark Pynn, de l'agence Darryl Charles McMillen, est construite à flanc de montagne. Les grands pans de vitrage rythment la façade en bois, et créent de petites terrasses.

Contrastant avec le raffinement ornemental des précédents mouvements, le style Shingle, qui a vu le jour entre 1880 et 1900, présente des surfaces relativement brutes. Dans la plupart des cas, le toit et les murs sont recouverts de rangées uniformes de bardeaux en bois brut. Les rares éléments de décoration sont empruntés au néoclassicisme de l'architecture néocoloniale américaine et du style fédéral, tels que les volets à jalousies et les colonnes doriques. Le regain d'intérêt pour les anciens bâtiments de l'époque de la colonisation américaine, tout d'abord apparent dans certains détails néoclassiques, favorisa un retour au style néocolonial à la fin du XIXe siècle, où l'on construisit de nombreuses copies de maisons du XVIIIe.

Il est intéressant de constater qu'avec la vogue de ces différents styles architecturaux, les distinctions régionales s'estompèrent peu à peu à travers les États-Unis. Cette uniformisation est due en partie au fait que les architectes s'inspiraient tous des mêmes sources publiées, et qu'ils utilisaient tous de surcroît les mêmes composants produits à grande échelle. Les ressemblances d'une région à l'autre s'expliquent aussi par l'expansion du secteur de la construction préfabriquée. En 1890, il n'était pas rare que les maisons en pièces détachées soient expédiées par train à l'autre bout du continent. Cependant, cette analyse doit être nuancée, car à toutes les périodes, le génie créatif des architectes et des constructeurs s'est imposé et a permis de préserver les particularités régionales, surtout dans le domaine des motifs ornementaux.

À bien des égards, l'histoire de la construction en bois en Océanie est assez proche de celle des États-Unis. Parmi les colons qui émigrèrent vers l'Australie et la Nouvelle-Zélande, on comptait un grand nombre de charpentiers rompus aux techniques traditionnelles de construction en bois. Pourtant, en Australie, où les forêts étaient moins denses, le coût d'une maison à ossature bois était plus élevé que celui d'une maison en brique. Ce n'est qu'au milieu du XIXe siècle, avec la mécanisation des scieries, que l'on commença à produire à moindres frais les planches nécessaires à la construction et au bardage. Les maisons en bois devinrent économiquement viables,

Ci-dessus et ci-contre Cette maison à bardage de bois d'inspiration « chalet », dessinée par Mark Pynn, domine les Rocheuses, dans l'Idaho. Elle associe des formes et des matériaux communs aux grands chalets des parcs nationaux américains. Les détails ornementaux rappellent le style Arts and Crafts de Charles et Henry Greene et Gustav Stickley, au début du XXe siècle. Le large bardage permet d'alléger la silhouette de la maison.

surtout celles à charpente ballon. Une fois les premières méfiances vaincues (on les considéra longtemps comme des « fétus de paille »), on reconnut bien vite leurs avantages. Comme aux États-Unis, le développement des transports ferroviaires permit l'acheminement de ces maisons préfabriquées des centres de production de la côte aux nouvelles colonies de l'intérieur des terres, où les charpentiers étaient trop peu nombreux pour répondre à la demande croissante de logements. En outre, toutes les maisons à colombages datant du début du XIXe siècle s'étaient avérées inadaptées au climat chaud et humide, qui faisait pourrir les charpentes. Dans le même ordre d'idée, on reconnut très vite l'intérêt de peindre les bardages. La construction de bungalows surélevés, dotés de véranda, participe également du souci de s'adapter au climat. Le mot « bungalow » vient du hindi *bungala*, qui désigne une maison de plain-pied avec un grand toit pyramidal, habituellement en chaume, et entourée d'une véranda. Les colons anglais avaient découvert les *bungala* en Inde. Elles étaient considérées comme la meilleure solution pour se protéger de la chaleur et de l'humidité des Tropiques. Car la véranda, souvent abritée par un treillage en bois, permet aux murs et à l'intérieur de la maison de se rafraîchir. Dans un pays où la vie se déroule essentiellement au grand air, la véranda devient partie intégrante de la maison, et offre un lieu de repos intime et ombragé, à l'abri des rayons brûlants du soleil.

Comme c'est souvent le cas en Indonésie ou dans l'Asie du Sud-Est, les maisons à ossature bois d'Australie étaient construites sur des pilotis ou sur une estrade, afin d'assurer une protection contre les termites et les inondations. Ainsi, l'air pouvait circuler sous la structure, empêchant les champignons de s'y développer, et contribuant ainsi à rafraîchir l'intérieur. Dans les régions montagneuses, les estrades permettaient également de niveler l'assise d'une maison à flanc de colline. Elles se remplaçaient assez facilement, et étaient souvent recouvertes d'une feuille de métal pour empêcher les termites de s'attaquer à la lisse de plancher. Au départ, elles étaient traitées avec un mélange de goudron, de créosote ou d'huile de vidange et de noir de fumée. Pour des raisons esthétiques, dans les zones urbaines, on les recouvrait de panneaux de bois peints ou teintés.

À gauche Au cours de la récente rénovation de ce cottage du Queensland, les volets en aluminium, rajoutés dans les années soixante pour fermer la véranda, ont été retirés pour agrandir l'espace et laisser entrer la lumière. Les menuiseries extérieures ont été peintes en bleu, vert et blanc, un mélange de couleurs inspiré de l'architecture traditionnelle coloniale des Antilles.

En arrivant en Nouvelle-Zélande, les colons trouvèrent un pays densément boisé. Jusqu'aux environs de 1890, la majorité des maisons à ossature bois étaient construites selon les techniques traditionnelles, assemblées par tenons et mortaises plutôt que clouées. Vers la fin du XIXe siècle, on commença à construire des structures

Brisbane, Queensland, Australie. Ici, l'architecte Tony Suttle a su tirer parti de tous les éléments traditionnellement associés à ce type d'habitation. Terrasse ouverte à l'arrière et véranda couverte à l'avant offrent des espaces adaptés à la vie au grand air, propre au climat subtropical. La véranda, quant à elle, permet de préserver la fraîcheur dans le reste de la maison. Construite en élévation par rapport au niveau du sol pour éviter les inondations et les rongeurs, elle ménage ainsi un espace pour un garage et une remise, par lesquels l'air peut aussi circuler.

balloon-frame à un niveau et demi. À la différence des maisons néo-zélandaises à deux niveaux, dont les murs du rez-de-chaussée étaient indépendants de ceux de l'étage, ces nouvelles constructions étaient faites de montants d'un seul tenant qui soutenaient également les solives de l'étage. Au début du XXe siècle, on construisit aussi de nombreux bungalows agrémentés de vérandas, ainsi que de jolis cottages de style anglais, dont certains dotés d'un étage en saillie.

La plupart des maisons étaient recouvertes d'un bardage de bois pour les protéger des pluies abondantes. En Nouvelle-Zélande comme ailleurs, de nombreux styles architecturaux se développèrent. Entre 1860 et 1880, on proposa un traitement du bardage un peu particulier mais très apprécié : les profondes jointures entre les planches de bois imitaient parfaitement un assemblage de pierres de taille. Dans certaines grandes demeures, cet effet était accentué par la présence de pièces d'angle qui ressemblaient à s'y méprendre à la pierre.

Cette tendance du bois à vouloir imiter la pierre ne se limita pas à la Nouvelle-Zélande du XIXe siècle. Dans un certain nombre de maisons néocoloniales américaines du XVIIIe siècle (style géorgien), les façades en bois étaient conçues de façon à imiter l'aspect de la pierre de taille, une pratique très en vogue au sud de l'Angleterre à la même période. Aux États-Unis, pendant la seconde moitié du XIXe siècle, on retrouve également les mêmes jeux sur les matériaux et les trompe-l'œil dans les maisons de style Queen Anne et Stick-style. Cependant, cette tendance resta marginale, et les constructeurs de maisons à bardages de bois ne cherchaient pas particulièrement à

dissimuler leur matériau. Au contraire, sa grande force structurelle et ses possibilités décoratives ont souvent été mises en valeur et exploitées au maximum.

Avec les évolutions techniques du XXe siècle, les maisons en bois n'intéressèrent plus qu'une minorité de passionnés. Pourtant, de nombreux architectes contemporains ont intégré le bois dans d'étonnantes réalisations. Les nouvelles maisons construites en Océanie, par exemple, sont très réputées, et ce, grâce au travail novateur d'architectes tels que Simon Carnachan en Nouvelle-Zélande, et Darryl Jackson en Australie, qui ont su tous deux rester fidèles au concept du bois brut (associé, dans le cas de Jackson, à la tôle ondulée). En exploitant de nouveaux matériaux, en utilisant les technologies nouvelles, ces architectes visionnaires ont su moderniser, voire révolutionner la construction en bois.

Ci-dessus et à droite Sunshine Coast, Queensland, Australie. La maison de John Mainwaring, architecte australien, est en pin, contre-plaqué et acier. Véritable hymne à la lumière et à l'air, elle associe panneaux de verre amovibles, lucarnes, fenêtres et portes à jalousies, le tout dans un plan ouvert. Les toits en forme de vague évoquent la proximité du canal et de la mer.

Ci-contre, de gauche à droite Pour leur maison d'Auckland, Simon et Robyn Carnachan ont utilisé du bois teinté sombre, des huisseries blanches, du verre et du polycarbonate. Les divers pavillons reliés entre eux, les puits de lumière et les terrasses intègrent la végétation alentour, de sorte que ses habitants ont l'impression de vivre en plein air.

Vivre avec le bois

Choisir d'habiter dans une maison en bois, c'est déjà opter pour un certain mode de vie. Car vouloir vivre dans ce cadre, ou dans toute autre demeure campagnarde, c'est aussi refuser de suivre les caprices de la mode, de se plier aux nouvelles tendances en matière de papier peint et de moquette. Ce choix indique clairement que l'on accepte volontiers l'omniprésence du bois. Une pièce conçue pour mettre en valeur le bois stimule les sens, non seulement la vue, mais aussi le toucher. Planchers cirés où se reflètent les rayons du soleil, plinthes décorées au pochoir et beaux tapis aux motifs colorés, salle de bains habillée de planches bleu turquoise, boiseries délicatement sculptées, salon au plafond agrémenté de poutres apparentes, balustrades et rampes d'escalier

élégamment chantournées… voici un aperçu des innombrables possibilités qu'offre le bois. Il constitue un cadre neutre, mais par sa nature même, il exige la simplicité. Ce chapitre est consacré à plusieurs maisons en bois à travers le monde, dont les propriétaires ont, chacun à leur manière, interprété la décoration intérieure en fonction de ces principes. Dans certaines cultures, comme en Scandinavie, chez les Indiens d'Amérique et en Amérique du Sud, on décore volontiers les murs et les planchers d'images inspirées de la nature. Dans d'autres pays, on préfère les laisser bruts, ou recouverts d'une simple teinte ou d'un vernis. Le bois offre une infinie variété de choix décoratifs, une source d'inspiration sans cesse renouvelée.

Intérieurs en bois massif

Le modeste chalet de montagne, ou la cabane en rondins, étaient autrefois réservés aux paysans des Alpes, aux skieurs scandinaves et aux pionniers de la conquête de l'Ouest. Or, depuis longtemps déjà, ces maisons séduisent nos contemporains, qui sont de plus en plus nombreux à les choisir comme résidence secondaire, et parfois même principale. La maison en bois massif apparaît comme un havre de sérénité, qui incarne un mode de vie en harmonie avec la nature, avec la terre. L'appel de la forêt, le retour à une vie simple et primitive, le respect de l'environnement font rêver les citadins désireux d'échapper au stress de la société moderne. En Amérique, cette tendance se retrouve dans la nostalgie du Far-West. Même si la plupart des cabanes de pionniers ont aujourd'hui disparu, l'esprit et la culture de cette période demeurent dans les nombreuses maisons et cabanes en bois massif construites ou restaurées au cours du XXe siècle. Sans rien sacrifier aux exigences de confort propres à notre époque, nombre d'architectes et de constructeurs, à la pointe de l'innovation, ont été attirés par les qualités structurelles et décoratives de ce matériau. La présence du bois dans une maison influe forcément sur le traitement de l'espace et la forme des pièces, laissant place à une créativité sans bornes.

À gauche Cette ferme savoyarde du XVIIIe siècle a été transplantée du Grand-Bornand à Megève, où elle a été restaurée par l'architecte d'intérieur Michèle Rédélé. Le salon, aménagé dans un ancien grenier, a conservé un aspect rustique. Le mobilier et les petites lampes sont des créations du designer Christian Liaigre. La lanterne est vénitienne.

Ci-dessus Aux XVIIIe et XIXe siècles, dans les chalets des Alpes, on construisait beaucoup de balcons en saillie, à différents niveaux. De ce fait, les charpentiers fixaient l'extrémité des rampes à l'intérieur des murs et les maintenaient en place grâce à de robustes pièces de bois.

Ci-dessous L'entrée principale de cette ferme savoyarde ouvre sur l'escalier conduisant au salon. La rampe en fer forgé contraste avec le bois naturel. Sur le palier, on a installé un fauteuil de style néocolonial qui reprend la teinte du bois.

Ci-dessus Cette cheminée provient d'une autre maison savoyarde. Les fauteuils sont de Christian Liaigre et les lampes « Manuscrit », sur la cheminée, d'Alexis Auffray.

Les plus belles maisons sont celles qui s'intègrent le mieux à leur environnement. Les chalets en rondins, surtout dans les régions forestières, semblent littéralement jaillis du sol. De tous les styles d'architecture en bois que l'on rencontre dans le monde, ceux des pays froids restent généralement les plus présents à l'esprit, car ils sont empreints d'une nostalgie pour un mode de vie révolu : le chalet des Alpes, la ferme scandinave, ensevelis sous une épaisse couche de neige, la cabane en rondins des pionniers américains, perchée dans les montagnes boisées, ou perdue au milieu de la prairie. Peut-être admirons-nous dans ces constructions le triomphe de l'esprit pratique sur les rigueurs climatiques des hivers interminables, où les éléments mettent à l'épreuve la résistance de l'homme. Peut-être aimerions-nous retrouver l'ingéniosité et le savoir-faire de nos ancêtres, qui savaient faire surgir de la matière de magnifiques objets. Peut-être ces maisons en bois nous rappellent-elles, à nous citadins, qu'il est encore possible de vivre en harmonie avec la nature, en choisissant des matériaux naturels pour améliorer notre vie quotidienne. Le secret du charme de l'habitat en bois tient en quelques mots : l'esprit des lieux.

Ci-dessus Les baies vitrées sont habillées de tentures en toile de jute, suspendues par des anneaux à des tringles en fer forgé. La décoration, très simple, met en valeur le plancher du XVIIIe siècle en chêne de Haute-Marne ; le baromètre italien en bois peint du XIXe siècle s'harmonise parfaitement avec les murs en bois naturel.

Avec ce type d'architecture, il est facile de créer un cadre de vie où la transition entre l'extérieur et l'intérieur se fait en douceur. L'utilisation du verre favorise cette harmonieuse intégration dans l'environnement. Les grandes fenêtres panoramiques, ou les baies vitrées sur tout un pan de mur, permettent d'une part de voir le paysage environnant, mais aussi d'agrandir l'espace intérieur. Elles créent l'illusion que rien ne vient s'interposer entre espace intérieur et extérieur, puisque la lumière pénètre librement. Grâce à l'invention de doubles vitrages particulièrement efficaces, l'utilisation du verre est de plus en plus fréquente dans les constructions modernes en bois massif.

Dans les maisons traditionnelles, le lien intime entre intérieur et extérieur était obtenu grâce à l'ajout de terrasses et de porches couverts, ainsi que de vérandas ; dans les pays chauds, ces dernières prolongeaient l'espace intérieur et offraient une vue panoramique sur le paysage environnant.

Dans les maisons en bois massif, le traitement de la lumière et de l'espace, la forme et la fonction des pièces, répondent à des règles d'architecture largement inspirées des demeures

Ci-dessus Les Fermes des Grands Champs, dans le hameau des Choseaux, au pied du mont d'Arbois, près de Megève. Il s'agit d'un ensemble d'anciennes fermes savoyardes, restaurées par des maîtres artisans avec des matériaux traditionnels des vallées de la Maurienne et de la Tarentaise.

scandinaves. Historiquement, ce style était également répandu dans les pays d'Europe du Nord, qui avaient une réelle connaissance du rapport de l'homme à son milieu. Dans ces pays, l'agencement intérieur, dominé par la présence du bois, est à la fois très bien étudié et épuré. C'est là que réside le secret du bon fonctionnement de l'espace. Utilisant rondins ou madriers, les charpentiers norvégiens étaient passés maîtres dans l'art de l'assemblage des angles, dont la forme influence considérablement l'esthétique d'une pièce. On peut difficilement ignorer cet élément

À droite Pour assembler deux murs perpendiculaires, les charpentiers utilisaient la technique tenons et mortaises, avec d'un côté un élément saillant et de l'autre un trou pour le recevoir.

En haut Salon de la ferme du Chatel, en Savoie. L'âtre en pierre est surmonté d'un manteau en larges madriers. Même lorsqu'elles sont en bois, les cheminées prennent rarement feu.

Ci-dessus à gauche La ferme d'Hauteluce, en Haute-Savoie, abrite des meubles en pin des XVIIIe et XIXe siècles. Les murs en madriers constituent le décor idéal pour un mobilier rustique.

Ci-dessus Il existait toutes sortes d'assemblages d'angle selon les régions. Celui-ci s'inspire de la forme dite « à queue-d'aronde », le tenon s'élargissant en forme de queue d'hirondelle.

de l'architecture, qui donne tout son caractère à un intérieur en bois massif.

Le plan de base d'une maison en bois, qu'il s'agisse d'un chalet ou d'une plus grande bâtisse de type « ranch », présente une grande pièce centrale, dotée d'une cheminée ouverte. Cet espace distribue d'autres pièces : une cuisine, des chambres à coucher (soit au même niveau, soit à l'étage ou sur une mezzanine), et des salles de bain, séparées ou attenantes à une chambre. Certaines demeures plus spacieuses accueillent parfois un bureau et un débarras. Ce plan de base s'inspire des maisons traditionnelles d'Europe du Nord, conçues en fonction des rigueurs du climat. La pièce centrale, qui servait de foyer, était assez grande pour contenir les marmites et les ustensiles de cuisine, quelques lits ainsi que des commodes et de grands placards, presque tous en bois. Une large table à plateau de pin entourée de chaises ou de bancs, et un solide vaisselier constituaient les éléments essentiels de l'ameublement. Les objets, avant tout fonctionnels, n'en étaient pas moins confectionnés avec le plus grand soin : le garde-manger s'ornait de volutes délicatement sculptées et d'autres formes gracieuses, et les tabatières s'agrémentaient d'un couvercle en forme de lion… Quant à la couleur, elle était présente dans les peintures murales et les textiles. Des décorations au pochoir, des imitations de marbre et des peintures traditionnelles atténuaient l'austérité des murs en rondins, des poutres, des planchers et du mobilier. Les tissus d'ameublement (dessus-de-lit et housses de fauteuils) et les tapis changeaient selon les saisons. On réservait les étoffes lourdes pour l'hiver, tandis que les cotons naturels légers, souvent brodés, étaient sortis en été.

Salle à manger de style élisabéthain, à Brookgate (à la frontière de l'Angleterre et du Pays de Galles). La structure en arc et les autres éléments de la charpente sont laissés apparents, et le hourdis a été coloré d'un pigment terre de Sienne traditionnel. La grande table, les chaises et les bancs en chêne du XVIe siècle reposent sur un sol en larges dalles, assez caractéristique de ce type de grande demeure (surtout pour le rez-de-chaussée). Le salon (en bas, à droite) a été aménagé dans l'ancienne chambre de la maison d'origine, qui remonte à 1350.

Qu'il s'agisse d'une maison en rondins ou à colombage, le plan de décoration intérieure dépend entièrement de la texture et de la couleur du bois, et de la façon dont les murs sont montés. Dans ces maisons-là, les éléments de la structure, rarement dissimulés sous du plâtre, sont partie intégrante de la décoration, et c'est certainement l'aspect le plus marquant. Les poutres en arc et les fermes d'une ossature bois, les lourdes pannes qui soutiennent les chevrons dans le toit d'un chalet, ainsi que toutes les autres poutres apparentes, planches ou rondins, tous ces éléments ont une fonction très précise.

Dans un intérieur de maison à colombage, un papier peint ou une peinture sur le hourdis peuvent parfois atténuer l'omniprésence du bois. Dans une maison en rondins, en revanche, il est absolument impossible d'y échapper. De toutes les formes d'habitat, c'est celle qui influence le plus le style de l'intérieur. Au nord de l'Europe, pendant les longues soirées d'hiver, on exprimait ses talents artistiques pour créer des intérieurs colorés et accueillants. Les pays scandinaves possèdent un riche héritage d'arts décoratifs populaires. Dans

Chambre d'amis, dans une ferme de la vallée de l'Heddal, à Telemark, en Norvège. Ces étonnantes décorations, peintes d'après des motifs populaires en 1782, sont essentiellement l'œuvre de Olaf Hansson, l'un des plus grands peintres de Telemark, célèbre pour ses peintures religieuses et profanes. C'est l'un des rares artistes de l'époque à s'être inspiré de la vie quotidienne des gens du peuple et des fêtes populaires (comme le montre le personnage du violoneux qu'il a représenté sur la porte). Il trouvait aussi, au gré de ses multiples lectures, toutes sortes d'idées originales et fantaisistes, comme l'éléphant dessiné sur le plafond, au-dessus du lit bateau. Quant aux peintures du buffet construit en 1754, le nom de leur auteur n'est pas passé à la postérité.

certaines maisons, les murs sont ornés d'illustrations traitant de thèmes religieux ou profanes. Souvent, chaque génération aimait ajouter sa touche personnelle à l'œuvre familiale. Le pigment naturel de la peinture produit ici un effet saisissant sur les poutres et les madriers. Il va sans dire que des tentures en chintz, des frises de papier peint et des moulures très élaborées seraient totalement en désaccord avec l'esprit du lieu. Malgré les progrès techniques survenus avec la Révolution industrielle, la plupart de ces traditions sont encore bien vivaces de nos jours. Le principe de base reste le même : un mobilier simple, fonctionnel, de facture soignée, rehaussé par des accessoires de couleur.

Pour préserver cette même harmonie, il ne faut jamais perdre le sens des proportions, dicté par la nature même de la construction. Une petite porte en placage verni ou une rampe d'escalier finement

« Chaque détail avait une fonction dans la structure. Mais les poutres saillantes, les assemblages d'angle et les entretoises devenaient aussi des éléments décoratifs. »
Andrew Jackson Downing

sculptée seraient totalement déplacées dans un chalet en rondins. Le bois requiert de l'attention, et le projet de décoration doit toujours mettre en valeur sa beauté : dans un espace qui présente des rangées de chevrons et un empilement de rondins, avec leurs lignes horizontales et leurs courbes régulières, il faut tenir compte de l'effet de régularité et de symétrie. D'instinct, les premiers habitants des cabanes en rondins avaient saisi ce principe, en choisissant des meubles et des accessoires simples, directement inspirés de leur environnement naturel. Les textiles, en lin et teints avec des teintures végétales, servaient à confectionner des dessus-de-lit, des housses de fauteuils et de coussins, des couvertures, des revêtements muraux, des tapis et des rideaux.

Plus tard, les constructeurs européens exportèrent leur savoir-faire et leurs traditions de décoration dans le Nouveau Monde, où ils essayèrent d'exploiter les techniques qu'ils avaient acquises dans leur pays, et de les adapter à leurs nouvelles conditions de vie. Dans le Middle West, à l'ouest et au sud-ouest des États-Unis, les murs intérieurs sont le plus souvent en rondins apparents, tandis qu'à l'Est,

Chalet près d'Aspen, dans le Colorado. L'intérieur est largement inspiré des « Great Camps » des Adirondacks, une influence que l'on retrouve notamment dans les motifs à base d'écorce et de branchages sur la cheminée. Néanmoins, on repère rapidement que l'on est ici dans l'ouest des États-Unis. L'espace intérieur, beaucoup plus vaste, plus aéré et plus lumineux, évoque davantage les chalets de style Far-West du parc national de Yellowstone, construits à partir de troncs d'arbres victimes d'un incendie. Ici, les bûches n'ont pas été traitées, et même si elles ont séché depuis, il arrive encore qu'elles craquent sous l'effet de la chaleur, avec un bruit retentissant.

À gauche Chalet à Aspen. Ici, le mobilier se fond littéralement dans le cadre en bois, les meubles étant directement inspirés de la forme et de la texture du bois qui compose la maison. Ce lit de branchages, qui semblent partir à l'assaut du mur comme une plante grimpante, et le banc massif sont inspirés de modèles originaires des Adirondacks.

À droite L'assemblage des bûches domine la décoration jusque dans la salle de bains. Dans toute la maison, la décoratrice Holly Lueders n'a utilisé que des matériaux naturels car même les carreaux de la baignoire sont en ardoise. Et pour rester dans le ton, le distributeur de mouchoirs en papier posé sur la petite table en branchages représente un chalet miniature.

on préfère les madriers (rondins équarris), comme en Europe et en Scandinavie. On laissait souvent l'écorce sur les troncs, pour accentuer le côté rustique. Pour obtenir un aspect plus raffiné, il fallait les écorcer et les poncer. De même que la texture et la couleur du bois, la forme des assemblages d'angle contribuait beaucoup au style de l'intérieur. Les charpentiers jouaient habilement sur les contrastes de couleurs de bois, utilisant des planches claires pour recouvrir les murs, afin d'éclairer la pièce, et réservant les essences plus sombres aux encadrements de portes et de fenêtres. Les plafonds reprenaient ce principe, avec des chevrons foncés qui tranchaient avec la clarté des planches d'habillage. Sur les bois qui supportent bien d'être teintés, on peut renforcer cet effet en utilisant une couleur foncée.

À l'origine, les maisons de colons étaient souvent décorées d'images colorées, qui représentaient des motifs floraux et d'autres symboles exprimant leur nostalgie du pays. Mais peu à peu, les influences locales se firent de plus en plus présentes. En Amérique du Nord, les colons empruntèrent bientôt les motifs aux couleurs vives des Indiens Navajo et d'autres tribus, dont la culture, profondément enracinée dans la terre, avait donné naissance à un art décoratif populaire d'une grande richesse. Sur les tissages des tribus indiennes, le rouge, le jaune, le bleu, le blanc cassé et le noir représentaient le soleil, la mer, le ciel, le jour et la nuit. Les colons reprirent aussi les motifs géométriques, anciens emblèmes tribaux. Oiseaux aux ailes déployées, flèches et coiffes à plumes, stylisés, étaient largement représentés sur les tapis et les tentures murales.

La forme des meubles s'inspirait largement d'objets de la nature, renforçant ainsi la continuité entre l'intérieur et l'extérieur, tout en mettant en valeur l'habileté de l'artisan : un pied de lampe taillé dans une branche d'arbre tordue, soigneusement poncée et teintée, une structure de canapé en bûchettes poncées et polies, laissée apparente, et non pas dissimulée sous le tissu, ou encore un tabouret à trois pieds

À gauche Sun Valley, Idaho. Les murs sont constitués de rondins de diamètres inégaux superposés selon une technique suédoise, qui consiste à les creuser à la base pour qu'ils s'emboîtent parfaitement. Le bois étant jeune, les troncs s'imbriquent encore mieux les uns dans les autres lorsqu'ils se rétractent, de sorte qu'il n'est pas nécessaire de calfeutrer. Dans ce passage menant de la chambre d'amis à la salle de bains, c'est toute la beauté architecturale de cette technique qui s'exprime. Les murs de rondins à joints apparents produisent rarement le même effet. Ici, les troncs sont empilés naturellement, sans qu'aucun autre matériau vienne troubler leur agencement. On croirait presque qu'il s'agit d'un énorme bloc de bois sculpté.

avec des branches de taille égale, et dont l'assise est recouverte d'une peau d'animal.

Pour mettre en valeur tous ces éléments de mobilier, rien ne vaut un beau plancher en bois. Traditionnellement, ils étaient excessivement cirés, tandis qu'aujourd'hui, une légère couche de blanc de céruse donne un effet plus naturel. On peut aussi prévoir un sol en pierre ou en tomettes, agrémenté ici et là de quelques tapis pour un contact plus chaleureux, ou une moquette en fibres naturelles brun clair, beige ou crème. Ces revêtements de sol s'harmoniseront toujours dans une maison en bois massif, qu'elle soit neuve ou rénovée.

Dans les maisons à étage, l'escalier est un important élément de décoration. Si l'architecte est vraiment audacieux, l'escalier, les rampes et les garde-corps peuvent donner tout son cachet à un intérieur. Contrastant avec le bois omniprésent dans la pièce, on peut aussi exploiter de nouveaux matériaux pour créer un escalier courbe qui semble comme suspendu en l'air. Dans un style plus rustique, on peut prévoir un garde-corps à base de souches tordues et de petites branches, un pilastre fait d'une grosse bûche verticale, des marches réalisées avec des bûches sciées en deux, et des contremarches en planches. Pour compléter une décoration, on peut également faire alterner sur le garde-corps, en un motif régulier, des branches de cèdre et de petites bûches fendues en deux. La rampe en bois non écorcé, idéale pour une petite maison en rondins, sera moins adaptée dans une grande demeure plus citadine, où il vaudra mieux la poncer pour la rendre bien lisse. Souvent, les pilastres sont faits à partir de gros rondins, sculptés par les ébénistes selon des motifs inspirés de thèmes naturels, oiseaux, fleurs, images mythologiques ou symboles tribaux.

La cheminée, point focal de la plupart des pièces à vivre, peut être placée au centre de la pièce, ou contre un mur. Si ce dernier est en rondins, la cheminée devient alors un élément du décor, surtout si elle est réalisée avec de beaux galets trouvés dans un ruisseau voisin, ou en brique avec un joint blanc bien lissé. Si elle se trouve au centre de la pièce, la cheminée est souvent ouverte des deux côtés, avec un conduit s'élevant vers la partie la plus haute du plafond. Un large rebord permet d'exposer toutes sortes d'objets : une collection de pierres, des branches aux formes étranges, des herbes séchées, des pipes, de la poterie, un choix qui peut se décliner à l'infini tant la nature offre une source d'inspiration inépuisable.

En haut et ci-dessus L'énorme tronc de pin, à gauche de la salle à manger, a été frappé par la foudre, qui l'a fendu sur toute sa longueur. Les bûches comme celle-ci sont très recherchées par les architectes car à travers elles, c'est un peu l'histoire de la forêt qui pénètre jusque dans la maison. La courbe de l'escalier contraste fortement avec les lignes horizontales des murs.

À gauche Quatre énormes troncs de sapin soutiennent le hall d'entrée de cette maison de Sun Valley. Ils sont restés cinq ans morts sur pied avant d'être abattus, et ont été soigneusement sélectionnés par l'architecte Jim Ruscitto.

Les États-Unis ont vu se développer un style propre aux maisons en bois massif, qui influence aujourd'hui encore les architectes. Il s'agit du style Santa Fé, du nom de cette ville du Nouveau-Mexique. Lorsque les Espagnols conquirent le Mexique au début du XVIIe siècle, le choc de ces deux cultures hautes en couleurs eut un effet stimulant sur la décoration intérieure. Dans les riches maisons espagnoles, conformément à la tradition, les plafonds en poutres apparentes et coffrage de planches bénéficiaient d'essences de très grande qualité. Les sols simplement revêtus de pierre ou de tomettes, ainsi que les murs de pierre, peints dans des tons très clairs, composaient un cadre suffisamment neutre pour accueillir une multitude d'objets d'artisanat populaire : portraits naïfs, images pieuses, petits placards finement sculptés et produits de l'artisanat local (poterie et tissus). Les maisons mexicaines traditionnelles, quant à elles, avaient des murs blancs en pisé, ou en pierre, et un sol en terre battue. Aujourd'hui, les demeures de style Santa Fé, parfaites synthèses de ces deux types d'habitat, ont des plafonds en chevrons de pin, comme c'est le cas dans le sud-ouest du Mexique. Les espaces entre les poutres sont revêtus de lattes de cèdre jeune, généralement peintes en blanc, tandis que de robustes troncs d'arbres laissés apparents soutiennent le plafond. Actuellement, la plupart des maisons modernes construites dans ce style possèdent des sols en pierre ou en brique.

Dans ces maisons de style Santa Fé, les intérieurs, généralement clairs et colorés, s'agrémentent d'objets d'artisanat latino-américain ou indien : au mur, une couverture de chef Navajo est suspendue en guise de tenture, tandis qu'une potiche rouge et noire mordorée, ou un panier tressé d'une tribu Cherokee complètent ce décor. On trouve même très souvent des coiffes tribales accrochées au mur en guise d'ornement. Les maisons du sud-ouest du Mexique possédaient des pièces secrètes en sous-sol, les *kiva*, auxquelles on accédait par des échelles en bois. Aujourd'hui, ces dernières sont devenues des éléments de décoration, sur lesquels on peut installer des tapis tissés à la main. On peut aussi les utiliser pour atteindre les rayonnages en hauteur d'une bibliothèque.

Dans les pièces où le bois domine, la lumière joue à merveille avec les différentes matières. Selon sa couleur et son traitement, elle révèle plus ou moins la beauté du grain. Lorsqu'une paroi en bois est juxtaposée à une surface blanche, en plâtre ou en pisé, l'interaction entre le soleil et l'ombre crée un effet dynamique.

Ci-contre et page de droite Ici, les larges espaces allient le bois, le ciment, la pierre et le verre, qui créent un système de chauffage solaire naturel particulièrement écologique. Trois tonnes de granit composent un revêtement de sol qui emmagasine la chaleur et la restitue, le sol étant posé sur une dalle de béton de 10 centimètres. Les murs sont de deux sortes : parois en rondins aux couleurs chaudes, et murs en pisé blanc de style Santa Fé, qui brisent la régularité du motif en rondins et créent une impression de lumière et d'espace.

À gauche Les courbes ondulantes des murs blancs guident les regards vers les espaces ouverts, rythmés par de lourds poteaux porteurs et des parois en rondins. Dans cette maison baignée de lumière, le sol en granit de la région et les grandes baies vitrées accentuent le lien avec l'extérieur.

Ci-contre L'espace consacré au bureau est délimité par une paroi en rondins de différentes longueurs. Les bûches ont été coupées ainsi pour renforcer l'aspect naturel.

Les architectes et décorateurs contemporains qui utilisent le bois exploitent volontiers l'infinie variété de couleurs, de profils, de grains, de textures propre à ce matériau, jouant sur l'effet rustique d'une bûche fendue à la hache, sur les traces de rabot ou de ciseau à bois. L'encaustique naturel, l'huile de lin, la fumée de cheminée et bien sûr, la patine des ans, sont les meilleurs traitements pour les poutres. Il convient en revanche d'éviter les vernis polyuréthane épais qui ont tendance à empêcher le bois de respirer et finissent par lui donner un aspect jaunâtre.

Dans les intérieurs en bois massif du monde entier, il est d'usage de revêtir de planches les espaces entre les poutres. Elles sont souvent peintes en blanc, en crème, ou encore en bleu, comme dans les maisons traditionnelles scandinaves. Le contraste entre les planches lisses et la rusticité des éléments structurels ne manque pas de caractère. On peut aussi varier les effets selon les pièces. Dans certaines, on laissera les poutres et les rondins tels quels, pour préserver l'harmonie avec l'environnement extérieur. Dans la chambre à coucher et la salle de bains, on peut recouvrir les murs de planches de bois, sur toute ou partie de la surface, soit pour décorer l'espace, soit pour améliorer l'isolation. Ce choix est souvent dicté par la richesse et la qualité des ressources en bois. Si les rondins sont de mauvaise qualité, mieux vaut en effet les recouvrir de planches peintes. De tels habillages présentent l'avantage de masquer l'installation électrique et les conduits de chauffage. En outre, même s'ils sont peints ou décorés, ils atténuent l'aspect massif des rondins.

Les intérieurs austères des cabanes en rondins des pionniers de la conquête de l'Ouest nous sont désormais familiers grâce aux nombreux westerns qui ont immortalisé cette époque. Le style Far-West qui fleurit aux États-Unis est né dans les grandes plaines. D'origine modeste, il est la matérialisation de l'idéal pionnier et entreprenant des Américains. C'est l'architecte d'intérieur Thomas Canada Molesworth qui créa ce style dans les années trente, avec ses magnifiques meubles Arts & Crafts. Inspiré par l'homme de la terre, il exprima dans la décoration la rudesse de son mode de vie. Ses superbes fauteuils en cuir sont anoblis par tous les héros à la John Wayne qui y ont pris place. Il inventa de nouveaux modèles de chaises, en exploitant la forme naturelle du bois, en y ajoutant des franges et des clous ornés.

Molesworth était passé maître dans l'art d'exploiter la loupe du bois, cette « maladie bénigne du bois ». Pour l'artisan habile et imaginatif, la loupe était un précieux atout, car elle pouvait être utilisée en

À droite Dans cette chambre, les murs d'un beau bois doré sont particulièrement bien adaptés à un décor minimaliste. La chaleur des tons et la douceur des textures mettent en valeur la blancheur du sol et de la literie.

placage sur un plateau de table basse, ou une assise de tabouret. Le mobilier à base de bûches et de petites branches, conçu et fabriqué par Molesworth et ses apprentis, illustre une tradition rustique que l'on retrouve dans l'ensemble des États-Unis. Le pin et le sapin, choisis pour leur grain et leur grande stabilité, étaient les essences préférées de cet architecte, auxquelles il aimait donner des formes simples mais originales. Pour beaucoup d'habitants de maisons en bois massif, la force de son style vient de ce qu'il a su saisir toute la force du mythe du Far-West.

Molesworth s'inspira non seulement de l'imagerie classique du cow-boy, mais aussi des cultures indiennes dont il exploita au mieux les motifs les plus représentatifs. Le cactus du désert revient aussi souvent dans ses créations. Dans les intérieurs de style Far-West, les meubles et les détails ornementaux comptent davantage que l'organisation de la structure : têtes de buffles, tapis et couvertures aux couleurs vives, tringles à rideaux en forme de flèches, tentures en peau, chandeliers en fer forgé et imposants fauteuils en cuir, taillés pour des héros de western. Tous ces éléments sont au cœur du style Far-West. C'était l'époque où les coffres étaient recouverts de cuir et ornés de clous, où l'on encadrait comme des œuvres d'art les foulards à carreaux des cow-boys, où les abat-jour et les coussins étaient eux aussi recouverts de peau, contrastant avec les couvertures en laine tissées main, à motifs traditionnels et bordées de cuir, que l'on jetait négligemment sur les canapés. Les chapeaux de cow-boy, accrochés à une paire de bois de cerf, étaient déjà des éléments de décor, et ce, bien avant l'invention du cow-boy Marlboro. Molesworth avait réussi à convaincre ses contemporains que l'on pouvait embellir le mythe fondateur américain en évitant le kitsch.

À l'extrême gauche Sun Valley. Les tapis indiens renforcent le style Far-West de cette chambre. Le lit en osier et la table de chevet en bouleau argenté rappellent les « Great Camps » du début du XXe siècle.

Ci-contre Un mur de troncs de pin conduit de l'entrée aux pièces à vivre. Un socle en pierres de la région soutient le plan de travail en érable de la cuisine. Ici, tous les matériaux sont naturels et régionaux, ce qui permet à la maison de s'intégrer parfaitement dans son environnement.

À gauche et ci-dessus Chalet à Aspen, Colorado. Toutes les pièces de l'étage donnent sur l'espace central du rez-de-chaussée. La structure, assemblée dans le Montana, est composée de troncs de mélèzes vieux de 400 ans, qui furent détruits par des insectes dans les années trente. Puis la charpente a été numérotée, démontée et rebâtie à Aspen. Les lourds troncs d'arbres masquent des plaques porteuses en acier, indispensables pour créer une structure aussi vaste et aérée. Le lit de la chambre à coucher est en cèdre rouge importé du Mexique.

Boiseries de style

Ci-dessus Plafond à panneaux d'un manoir anglais datant du XIXe siècle.

À gauche Simon Huntington Tavern, Norwich,Connecticut. Ces boiseries du début du XVIIIe siècle ont été recouvertes d'une peinture au lait.

Les boiseries, apparues en Europe du Nord au XVe siècle, avaient à l'origine pour fonction de protéger des courants d'air. Ces panneaux de bois, appelés aussi lambris, étaient de fines planches de bois, carrées ou rectangulaires, assemblées à l'intérieur d'un cadre et fixées au mur, du sol au plafond ou à mi-hauteur. Avec l'évolution des techniques et des modes, les artisans, cherchant toujours de nouvelles voies pour exprimer leur talent, s'intéressèrent aux boiseries. Ils les décorèrent, les peignirent, les sculptèrent de façon de plus en plus élaborée. Elles devinrent, pour les créateurs, un moyen de promouvoir leur habileté et leur créativité. Les panneaux ainsi ouvragés portaient toutes sortes de motifs, de symboles d'héraldique, et même un motif dit « servietté », apparu à l'origine dans les Flandres pour imiter les plis d'un tissu. On trouvait aussi des arabesques, des rosaces, des motifs floraux et une grande variété de sujets allégoriques sculptés. Les formes géométriques étaient obtenues par l'ajout de lattes de bois sur les panneaux. Au cours des siècles, et selon les périodes, les boiseries furent régulièrement abandonnées au profit d'autres revêtements. Elles connurent leur heure de gloire en France au XVIIIe siècle, où elles atteignirent un raffinement extrême avec l'utilisation de la marqueterie. Selon les pays, on utilisait des essences différentes, avec cependant pour principe de laisser les bois durs tels quels, et de presque toujours peindre les bois tendres de moindre qualité.

À gauche Athelhampton House, dans le Dorset, en Angleterre. Ces boiseries du XVIIe siècle viennent d'une autre maison. À l'origine d'une belle couleur miel, le chêne fut peint en marron dans les années trente, puis repeint dans sa teinte actuelle en 1985.

Ci-dessous Boiserie du XIXe siècle, posée directement sur un mur en brique de l'époque Tudor.

C'est au Moyen Âge que les boiseries s'imposèrent en architecture intérieure. Dans les régions riches en bois, elles remplaçaient souvent les revêtements de plâtre ou peints à la chaux. Dans les maisons à ossature bois, les montants de la structure étaient fréquemment recouverts de planches verticales. Lorsqu'elles étaient en chêne ou en sapin, on laissait les planches à l'état naturel, tandis qu'on peignait les bois tendres de moindre qualité selon les couleurs à la mode. En Angleterre, dans les grands manoirs des XVIe et XVIIe siècles, les boiseries, souvent en chêne sombre ou teinté couleur miel, s'étendaient du sol au plafond, ou bien s'arrêtaient à mi-hauteur (lambris d'appui). Les grandes idées de la Renaissance, associées à une certaine nostalgie du Moyen Âge, donnèrent lieu à un mélange éclectique de styles classique et gothique, caractérisés par des colonnes doriques, ioniques et corinthiennes, des feuilles d'acanthe, des moulures à rais d'oves et à motifs de rinceaux. Les panneaux simples s'ornaient d'une frise, dont les éléments étaient peints, ou traités à la feuille d'or ou en marqueterie pour mieux les mettre en relief.

À droite La plupart des boiseries à motif servietté de Athelhampton House datent du XVIe siècle. Mais ces panneaux sont des copies réalisées au XIXe siècle, période à laquelle la cheminée fut entièrement restaurée.

À l'époque baroque, avec le perfectionnement des outils d'ébénisterie et le développement des savoir-faire, les panneaux s'agrandirent, et leurs motifs sculptés devinrent plus complexes et plus expressifs. On commença à les considérer davantage comme des meubles à part entière, que l'on pouvait donc déplacer et adapter à d'autres pièces dans les cas de partage d'héritage. La mode des imitations se répandit bientôt, les bois bon marché reproduisant à s'y méprendre des essences de qualité. Ainsi, les panneaux en pin et sapin étaient traités pour ressembler à du chêne, qui était lui-même traité pour imiter le noyer. Le bois pouvait aussi être peint en faux marbre, et même en imitation écaille, des traitements très en vogue dans toute l'Europe. Dans les demeures les plus riches, on représentait sur les boiseries des

À gauche et en bas Ces panneaux en chêne du XVIe siècle décorent l'antichambre du roi à Athelhampton House. L'encadrement en pierre date de la période Tudor.

Ci-dessous Athelhampton House était l'une des résidences du roi d'Angleterre. La chambre du souverain possède une frise en chêne délicatement sculptée, datant de la période Tudor. Le lit à baldaquin et la table de chevet, également en chêne, datent de Charles Ier, et le dessus-de-lit en soie du XVIIIe siècle.

À droite La chambre nord de la maison de Silas Deane, à Wethersfield, dans le Connecticut, peut s'enorgueillir de très belles boiseries du milieu du XVIIIe siècle. Son propriétaire, comme beaucoup de riches colons de la Connecticut River, voulait impressionner ses voisins. Si la maison a été bâtie en 1766, d'après des plans venus de France, la cheminée est, quant à elle, vraiment caractéristique de la région. Le mobilier a été fabriqué en Nouvelle-Angleterre dans les années 1760.

Ci-dessous Simon Huntington Tavern. Ces boiseries très simples, datant du XVIIIe siècle, ont été repeintes d'après des coloris d'époque, lors de la restauration entreprise par Stephen Mack.

Ci-dessus Les boiseries du salon Yorktown, dans la maison de Joseph Webb, à Wethersfield, ont été repeintes en blanc cassé pendant les années vingt. Au XVIIIe siècle, elles étaient sans doute vert olive. Les panneaux représentant des scènes militaires ont été peints à Hartford, dans le Connecticut, en 1916. Selon la légende, la bataille de Yorktown, pendant la guerre d'Indépendance, aurait en effet été préparée dans cette pièce.

éléments de l'architecture classique, ainsi que des motifs d'héraldique, souvent rehaussés de couleur ou d'or.

Les boiseries restèrent à la mode jusqu'au milieu du XVIIIe siècle, période à laquelle apparurent d'autres types de revêtements, notamment les premières tapisseries, en soie ou coton, tendues sur des lattes de bois entre la plinthe et la corniche, et les premiers papiers peints, avec le succès que l'on sait. Après 1760, les boiseries disparurent peu à peu, pour être remplacées par du plâtre. Il fallut attendre l'époque victorienne en Angleterre pour qu'elles soient à nouveau en vogue, essentiellement dans les entrées, les salles à manger et les bureaux (les salons, quant à eux, étaient plutôt recouverts de papier peint).

En Amérique du Nord, les premiers colons, très attachés au style européen, n'abandonnèrent pas les boiseries, mais en firent un usage modéré à leur arrivée. Dans les belles demeures de la deuxième moitié du XVIIe siècle, on revêtait souvent de boiseries le mur de la cheminée, tandis que dans les autres pièces, et surtout à l'étage, on préférait laisser la structure à colombage apparente. Il fallut attendre la fin du XVIIIe siècle pour voir apparaître les lambris d'appui dans les maisons américaines. Dans les intérieurs les plus raffinés, les pièces en étaient même recouvertes du sol au plafond. Si les tendances de la décoration intérieure européenne furent vite adoptées par les colons nostalgiques du Vieux Continent, il fallut les adapter à la lumière plus intense qui éclaircissait les couleurs. Par conséquent, on choisit des teintes plus soutenues pour les boiseries, jaune, orangé, rouge, marron, vert et bleu, les imitations marbre et faux bois étant réservées aux panneaux en bois brut.

Dans les maisons de style fédéral et Empire (*voir* glossaire p. 186), les boiseries, ornées de motifs floraux sculptés, se limitaient souvent au mur de la cheminée, et dépassaient rarement la moitié du mur. Les

À droite Les boiseries qui ornent la maison de Silas Deane ont été fidèlement repeintes dans le style de l'époque. L'étonnante cheminée en grès sculpté provient de la ville de Middletown.

Ci-dessous Dans cette maison de 1835, les boiseries ont été reconstituées à partir d'une photo datant du début du siècle. Elles ont été peintes dans un marron foncé bon marché, généralement réservé aux pièces secondaires.

À gauche et à droite Spitalfields, Londres. Lorsque cette maison fut construite à la fin du XVIIIe, les murs étaient sans doute peints d'une seule couleur (comme dans le salon ci-contre) ou dans plusieurs nuances d'une même couleur. Ce jeu de teintes plus ou moins sombres devait mettre en valeur les moulures et les reliefs sculptés, mais certainement pas aussi bien que ce splendide travail à la feuille d'or et d'argent.

panneaux en bois tendre, quant à eux, étaient peints de couleurs ou en imitation acajou. Au XIXe siècle, les revêtements en chêne, en acajou, ou dans d'autres essences exclusivement américaines telles que l'érable et le cerisier, étaient très en vogue, traités à la cire ou vernis. Au début du XXe siècle, dans les maisons Arts & Crafts d'Angleterre et des États-Unis, les boiseries s'élevaient au-delà de la hauteur habituelle, certaines, dans les halls d'entrée ou les salles à manger, recouvrant même toute la surface du mur. Les classes aisées choisissaient de préférence l'acajou, l'érable et le cerisier, tandis que les plus modestes continuaient à utiliser le pin ou le sapin. Les couleurs les plus fréquentes étaient le vert olive, le crème et l'ivoire.

Pendant la période Art nouveau, des architectes comme Charles Rennie Mackintosh et Frank Lloyd Wright employèrent beaucoup les panneaux verticaux en pin teint très foncé, presque noir. Le style Beaux-Arts américain, qui se développa parallèlement, entre 1870 et 1920, fit grand usage des lambris d'appui dans les halls d'entrée et les salles à manger, le reste du mur étant peint ou couvert de papier à motifs. C'est à cette époque que les colons du Nouveau Monde se passionnèrent pour le néoclassicisme et tous les styles venus d'Europe. Dans les salons, les bibliothèques et les salles à manger, on vit apparaître des boiseries de style néoclassique à la française, avec sculptures en bas-relief et frises de guirlandes et de trophées rehaussées à la feuille d'or, sur un fond blanc, vert ou bleu.

Les boiseries peuvent être simples ou finement sculptées, ou encore agrémentées de frises à base de carrés, de rectangles, ou de losanges, plus ou moins saillants.

En Scandinavie, les premières maisons (*stugor*) avaient des murs recouverts de planches de pin ou de sapin, peints d'une seule couleur, le plus souvent bleu-vert, puis gris pâle à partir de la fin du XVIIIe siècle. Mais la Scandinavie est surtout connue pour ses imitations de marbre et ses décorations à la peinture projetée. Au XIXe siècle, période de grande prospérité économique, les classes aisées faisaient appel à des artistes pour rehausser leurs boiseries de faux marbre et d'imitations chêne. Dans ces *stugor*, les murs se divisaient en deux à mi-hauteur, la partie inférieure étant réservée aux imitations de matière, et la partie supérieure aux pochoirs et aux motifs peints.

À partir des années vingt, les boiseries disparurent peu à peu, n'apparaissant que sous forme de simples panneaux traités à la cire. Dans les années soixante et soixante-dix, les architectes explorèrent davantage les effets décoratifs du contre-plaqué, sans doute afin d'imiter le style naturel scandinave en vogue à l'époque. Ce type de revêtement fut beaucoup exploité en Australie et Nouvelle-Zélande. En Angleterre, les lambris assemblés par rainures et languettes supplantèrent le contre-plaqué, considéré comme un matériau réservé aux constructions modestes. Aujourd'hui, face à la profusion de peintures et de papiers peints, on emploie de moins en moins de boiseries.

Revêtement mural

Une pièce aux murs en bois est toujours un lieu fascinant, car la texture et la patine de ce matériau diffusent une chaleur sensuelle et enveloppante. Depuis des siècles, et sous des formes différentes, rondins bruts ou madriers, planches aboutées ou élégantes boiseries sculptées, le bois a beaucoup été utilisé pour habiller l'intérieur des maisons. Comparé aux nouveaux matériaux, il reste de loin le plus souple. En tant que revêtement mural, il impose ses propres règles de décoration, et dispense des interminables discussions sur le choix de la couleur du papier peint. La seule décision importante, qui détermine l'apparence générale d'une pièce, concerne le mode de traitement du bois (huile, teinte ou peinture). Ce choix peut être personnel, mais il dépend souvent du type d'essence utilisé. Cottage rustique ou belle maison de ville, la décoration peut être très libre, sans règles préétablies. Les possibilités sont multiples. On peut oser des effets de texture ou des jeux de couleur. Des murs en bois peints en blanc ou crème constituent un cadre parfaitement neutre, qui peut accueillir toutes sortes d'objets décoratifs colorés, ou au contraire un mobilier et des accessoires d'une élégante sobriété, apanage d'un style épuré. Même dans les intérieurs les plus modestes, un revêtement en bois peut être mis en valeur par un simple traitement à la cire qui rehausse la beauté du grain.

À gauche La Kitchen House (« Maison Cuisine »), construite sur une île, sur un lac du New Hampshire (États-Unis), a été inspirée par les maisons traditionnelles des Antilles. Les hauts plafonds accentuent l'impression d'espace, et le vélux dans le toit en pente inonde la pièce de lumière. La simplicité du revêtement mural offre un fond idéal à la profusion d'ustensiles de cuisine.

Un intérieur aux murs habillés de bois est avant tout synonyme de sobriété. La beauté de ce matériau, sa sensualité sont partout perceptibles. Lorsqu'on a vécu dans un tel environnement, que ce soit à la campagne, au bord de la mer ou dans un appartement citadin aux parquets cirés, on peut rarement s'en passer. Quel que soit le style de décoration envisagé, le bois deviendra l'élément dominant de la pièce.

À l'origine, on laissait le bois sécher naturellement avant de l'utiliser, pour que le matériau brut révèle toutes ses qualités au moment où le charpentier commençait à le travailler. Une pièce de bois était choisie pour son grain particulier et pour ses nœuds si elle était destinée à un meuble ou à un panneau de boiserie, pour son épaisseur et sa robustesse si elle devait entrer dans la composition de la charpente. De nos jours, le bois est souvent séché artificiellement. Or, s'il sèche trop vite (et, comme c'est souvent le cas, de façon inégale

Ci-dessous Ferme Barfrøstua, à Rendalen, en Norvège. Dans cette maison, construite vers 1730 et transplantée au Glomdalsmuseet d'Elverum, le revêtement intérieur en bois, même très simple comme celui-ci, assure une excellente isolation et indique que le propriétaire appartenait à une classe aisée.

Les beaux meubles sculptés datant du XVIIIe siècle, ainsi que les autres éléments décoratifs, témoignent que cette ferme appartenait à un paysan riche et influent. Cette pièce accueille aussi de superbes exemples de panneaux sculptés et de peintures sur bois. Dans cette région, les peintures murales étaient assez fréquentes chez les classes aisées, mais les sculptures sur bois de cette qualité sont plus exceptionnelles.

ou insuffisante), il risque d'absorber l'humidité plus facilement, ce qui provoque des déformations et d'autres problèmes structurels.

En revanche, le bois qu'on laisse sécher naturellement se bonifie avec le temps. Un bois bien sec facilite considérablement le travail de l'artisan. Très souvent, c'est la nature de la pièce de bois qui détermine l'usage que l'on va en faire, et le type de finitions qui la mettront le mieux en valeur. Les ébénistes vont même jusqu'à dire que la forme d'un objet est prédéterminée par la forme et la nature de la pièce de bois.

La teinte dorée des planches d'un habillage, naturellement traitées à la cire d'abeille, au vernis mat ou avec des huiles odorantes, crée aussitôt une atmosphère chaleureuse.

Lorsqu'une surface en bois n'est pas dissimulée sous une peinture, elle se patine et prend une belle couleur, tandis que la texture même du bois devient douce au toucher. Une pièce entièrement recouverte de planches de bois brut diffuse une atmosphère vraiment chaleureuse. De même, les planchers non vernis, traités régulièrement à la cire d'abeille, finissent par acquérir une agréable teinte dorée. Une table de cuisine en pin conserve son grain et ses marques si on applique un verni mat, tout comme une chaise ou un banc en orme ou en hêtre, traités à l'huile. Certaines essences sont richement odorantes, et révèlent une sensualité, un exotisme qui peuvent

Ci-dessus Mount Glorious, Australie. Dans cette cuisine, on remarque avant tout le jeu sur les textures et les couleurs du bois. Les murs sont habillés de planches assemblées par rainures et languettes, un parquet recouvre le sol et de gros poteaux en bois non écorcé dominent la pièce.

À gauche Office du manoir médiéval de Brookgate, dans le Shropshire, en Angleterre, restauré par l'architecte Graham Moss. On remarque ici la grande simplicité du revêtement mural et des portes.

Ci-contre et à droite Bellevue Homestead, à Coominya, en Australie. Cette demeure, désormais classée monument historique et entretenue par des fonds publics, est un bel exemple des toutes premières maisons de colons du Queensland. La porte très sobre et les planches horizontales qui bordent les murs de la cuisine ont conservé leur peinture d'origine. Les chaises en bois courbé, souvent importées d'Europe en kit, sont fréquentes dans les maisons australiennes de la fin du XIXe siècle.

Ci-dessous et à droite Hôtel Les Fermes de Marie, à Megève. Dans ce chalet, le mobilier est en pur style savoyard des XVIIIe et XIXe siècles. Cet hôtel se compose de plusieurs chalets originaires de différentes vallées de Savoie, qui ont été restaurés avec des matériaux d'époque. Ici, les planches du revêtement mural sont aboutées verticalement. Les portes sont en bois plein, faites de planches verticales clouées sur des planches horizontales.

Les revêtements muraux en bois et les planchers, qu'ils soient peints ou laissés à l'état naturel, donnent aux pièces un style campagnard.

être exploités et accentués par l'odeur de l'encaustique ou de la cire. De même, un bois de premier choix, sélectionné pour sa couleur et son grain, peut être mis en valeur grâce à un produit de traitement naturel. Le bois brut peut être peint, d'une seule couleur neutre, ou décoré de dessins au pochoir ou de peintures traditionnelles qui combinent à l'infini les motifs et les couleurs.

Dans une pièce, aussi bien les murs, le plafond et le sol peuvent être recouverts de planches de bois. Mais on pourra choisir des traitements différents, selon l'exposition de la pièce et sa fonction, afin d'éviter les intérieurs uniformes et sans caractère. Horizontales ou verticales, les planches peuvent être simplement aboutées, ou fixées l'une à l'autre par un système plus complexe de rainures et languettes. Le bois réservé au plafond peut être laissé tel quel (son côté brut ne manque pas de cachet), mais pour les sols ou les murs, il est possible d'associer plusieurs traitements : peinture, céruse ou verni brillant ou mat (après ponçage). Ainsi, même quand les différentes surfaces d'une pièce sont faites du même matériau, on peut multiplier les finitions, et ainsi obtenir une grande diversité d'effets. On peut aussi limiter l'habillage en bois à certains endroits de la pièce, pour mettre en valeur ou créer un élément de décor, telle qu'une alcôve, ou une série d'étagères pour ranger des livres.

Les différents types d'intérieurs en bois sont chargés de références architecturales. Dans chacune des pièces, on ne peut manquer de percevoir des influences stylistiques venues du monde entier, qui ont fusionné pour créer un ensemble cohérent. Selon le choix du traitement, le bois constitue un cadre idéal pour la plupart des styles de mobilier, des buffets de cuisine rustiques aux anciennes tables

À droite et à gauche Kent, Angleterre. À la fin du XIXe siècle, ce bâtiment, baptisé « The Battery », servait de caserne de marins. Lorsque l'artiste Marilyn Phipps en fit l'acquisition, elle voulait la restaurer pour en faire un lieu de résidence pour elle-même et d'autres amis artistes, tout en conservant le caractère premier de cette construction. Quelques cloisons furent supprimées pour agrandir certains espaces, mais le revêtement en bois fut conservé et, dans la plupart des pièces, repeint du même bleu pâle d'origine. Pour créer un décor harmonieux, Marilyn Phipps a essayé de trouver des meubles et d'autres éléments décoratifs dans des maisons datant de la même époque. Les lourdes portes de la cuisine sont celles d'un ancien bureau de poste de la région, tandis que le poêle de la salle à manger a été récupéré dans un vieux café.

élégamment sculptées, jusqu'aux austères placards en métal des décorateurs contemporains. Dans un tel contexte, tout se mélange et s'harmonise avec bonheur : le style cottage anglais pourra accueillir des meubles scandinaves intégrés, richement décorés, ainsi que des tissus et accessoires d'inspiration indienne.

Le plus souvent, les pièces habillées de planches de bois sont d'un aspect plus rustique que celles recouvertes de panneaux de boiseries, et possèdent un charme caractéristique du style « country ». Ce terme, qui désigne un style typiquement anglo-saxon, s'applique en général à des intérieurs entièrement habillés de bois. Cet habillage, qui s'étend du sol au plafond, est simplement traité à la cire naturelle, ou recouvert d'une couche de peinture, ou encore décoré de branchages, de mousse, de brindilles et de pommes de pin, pour accentuer l'aspect rustique. La décoration de ces intérieurs « country » est largement inspirée du style des « Great Camps » des Adirondacks. L'intérieur de ces chalets en rondins était doublé de planches chanfreinées ou biseautées, le plus souvent horizontales pour imiter des madriers. Cet aspect rustique était renforcé par toutes sortes de décorations : fines bandes d'écorce de bouleau tendues entre les poutres du plafond, pour éclairer l'espace, poteaux apparents en cèdre non écorcé, petits morceaux d'écorce de cèdre et de bouleau fixés autour de la cheminée et sur le manteau, et rampes d'escalier décorées de petites branches d'épicéa, de bouleau et de cèdre.

Le style « country » se caractérise aussi par un mobilier et des accessoires en matériaux naturels et simples qui, très souvent, s'inspirent d'une longue tradition d'artisanat populaire, local ou d'origines diverses. Le style « country » est né du désir qu'avaient nos

On peut donner une touche plus rustique à un intérieur, en créant des décorations à base d'écorce, de branchages, de pommes de pin et de mousse.

Cabane en bois dans le Sussex, Angleterre. L'intérieur est décoré de bûches fendues en deux, de branches et de pommes de pin, qui masquent l'une des plus grosses poutres. Les motifs peints du plancher s'inspirent de quilts américains. Derrière les rideaux sont dissimulés des lits escamotables dans les placards.

Les murs simplement recouverts de planches et le lit de repos sont décorés de couvertures au crochet qui égayent la pièce de leurs couleurs vives. Les plinthes (à gauche) se composent de morceaux de bûches fendues. Quant au plafond (à droite), il est garni de mousse entre chacune des pièces de bois. Cette cabane s'inspire du style des « Great Camps» des Adirondacks, et associe avec bonheur les artisanats anglais et américain.

Ci-dessus Cette petite maison en pin, bâtie par la famille Shope dans l'État de New York, ne possède qu'une seule pièce. La totalité du bois utilisé pour sa construction provient du terrain même où elle a été conçue, d'où cette impression d'unité. Le bois a été laissé à l'état naturel.

À droite L'architecture de cette maison s'inspire d'un chalet forestier du New Hampshire. L'impression d'espace vient du vaste toit. La surface est d'environ 9 mètres carrés, dont 3 sont occupés par un porche. Les planches au sol varient entre 30 et 66 centimètres de largeur. Un coffrage courant le long des murs sert à la fois de banc et de rangement. Les fauteuils et les tabourets en chêne massif sont des copies modernes de Stickley.

À gauche et ci-dessus La rampe d'escalier est faite de branches de cèdre que la famille Shope a ramassées autour de la maison. L'escalier mène à un dortoir en mezzanine.

À droite et ci-dessous L'imposante cheminée est en granit de la région. Ses contours massifs sont adoucis par des branches de cèdre, qui rappellent les décorations des chalets forestiers des Adirondacks.

Ci-dessus Bergen, en Norvège. Dans cette maison située au bord d'un fjord, la belle salle à manger a été aménagée dans la partie la plus ancienne datant du XVIIe siècle. Les larges planches horizontales sont représentatives de cette époque. Quant à la couleur verte, elle est d'origine, et également caractéristique de l'époque et de la région.

ancêtres de rendre leurs maisons plus accueillantes, malgré une décoration et des équipements encore assez rudimentaires. Pour cela, ils fabriquaient eux-mêmes les meubles, les outils et les ustensiles de cuisine dont ils avaient besoin dans ce matériau facile à travailler et, qui plus est, disponible en grande quantité dans la plupart des pays. Les premières maisons étaient constituées d'une unique grande pièce,

Le revêtement mural en bois n'était pas seulement choisi pour ses qualités esthétiques, mais pour assurer une meilleure isolation contre le froid.

où toute la famille prenait ses repas, dormait et se rassemblait autour de l'âtre. Les plafonds, très hauts, permettaient à la fumée de mieux circuler. Lorsque la cheminée remplaça l'âtre central, il fut alors possible d'aménager un autre niveau en plus du rez-de-chaussée. Les planches en bois étaient le matériau de construction tout indiqué pour ces extensions. On choisissait en général l'orme, pour sa dureté, sa belle couleur et son grain si particulier. Avant la Révolution industrielle, toutes les planches de bois, qu'elles soient destinées aux planchers ou aux revêtements muraux, étaient sciées à la main et n'avaient donc pas toutes la même taille. On le constate dans les maisons très anciennes, où les sols sont souvent faits de planches de largeurs différentes, parfois dangereusement inclinées dans un coin de la pièce. Leur beauté réside dans cette irrégularité, mais aussi dans le grain de leur surface, adoucie et polie par des générations d'hommes et de femmes vaquant à leurs occupations. Sans leur plancher, certaines demeures anciennes perdraient sans doute beaucoup de leur charme.

Dans de nombreuses régions d'Europe du Nord et de Scandinavie, les murs extérieurs des maisons étaient traditionnellement recouverts d'un bardage de bois pour protéger des intempéries ; les murs intérieurs subissaient le même traitement, toujours dans le but d'améliorer l'isolation. Et comme les ressources en bois étaient abondantes, on s'en servait aussi pour les sols, les plafonds, les portes, les encadrements de fenêtres, ainsi que la plupart des accessoires. Outre son prix de revient très économique, le bois est un matériau qui respire, permettant ainsi de contrôler naturellement les flux d'air dans la maison et d'aider à la ventilation.

La pièce principale, sorte de cuisine-salle à manger, était le lieu où se rassemblait la famille, le foyer de la maison. Généralement assez grande, elle possédait des fenêtres de bonne taille, une cheminée et un poêle à bois, qui servait à la fois à cuire les aliments et à réchauffer la pièce. L'espace s'organisait autour d'une table à plateau de bois, entourée de

À droite La salle à manger communique avec une aile plus récente, rajoutée au début du XIXe siècle. L'horloge, fabriquée dans la région, est en imitation acajou. Quant à la peinture sur verre, au fond de la pièce, elle date de 1841.

chaises ou de longs bancs. La maison tout entière révélait un lien étroit avec la nature. Le bois n'était pas seulement le matériau idéal pour construire des habitations, mais aussi pour fabriquer des meubles qui soient en harmonie avec l'ensemble du décor. Il n'est pas étonnant que de nombreux aspects propres à l'architecture et à la décoration intérieure d'Europe du Nord et de Scandinavie se retrouvent dans le Nouveau Monde, en Australie et en Nouvelle-Zélande. En souvenir des cuisines de leur pays natal, les colons conçurent, au XVIIIe siècle, de grandes pièces très confortables, peintes de couleurs vives et chaudes, souvent ornées de tapis colorés et de textiles de lin mettant en valeur les sols en bois ciré.

Les Scandinaves, particulièrement présents dans les colonies d'Amérique, y ont de fait beaucoup influencé l'architecture intérieure. Originaires d'une région où la lumière du jour est plus rare qu'ailleurs, ils possèdent un riche héritage d'art populaire, de peintures au pochoir à base de couleurs vives et gaies. Pour cette raison, les murs et les sols des maisons américaines sont plus colorés que dans les colonies d'Australie et de Nouvelle-Zélande, où les colons d'origine nordique étaient moins nombreux. De même, les meubles présentent une décoration riche et élaborée. Pour mieux analyser les différences de styles entre les colonies, il faut ajouter que les modes européennes parvenaient en Amérique bien avant qu'en Nouvelle-Zélande et en Australie. De plus, la traversée de l'Atlantique étant moins dangereuse, les familles pouvaient emporter avec elles leurs objets de valeur, ainsi que de petits meubles et de la vaisselle. De ce fait, les sujets d'inspiration ne manquaient pas lorsqu'on souhaitait fabriquer de nouveaux accessoires. Très vite, la flore et la faune d'Amérique du Nord leur inspirèrent des motifs décoratifs, sculptés sur bois, tissés ou peints au pochoir. Si les panneaux des meubles européens s'ornaient de motifs floraux très stylisés (feuille

À gauche Maison près de Bergen, construite vers 1690. Au premier étage, le mur du hall est habillé de planches à chanfrein. C'était à l'origine le mur extérieur de la maison, avant qu'elle ne soit agrandie.

Ci-contre À l'origine, les murs de la cuisine étaient sans doute d'un gris plus foncé que celui du sol, mais ce bleu soutenu est également une couleur traditionnelle. Cette partie de la maison date de la fin du XIXe siècle.

À droite Dans ce salon du XVIIe siècle, les planches chanfreinées sont révélatrices de la fortune du propriétaire, sans doute un riche marchand. Le rouge profond des murs était très en vogue au début du XIXe siècle.

À droite Le revêtement tout simple de cette chambre d'amis témoigne que cette aile a été rajoutée au début du XIXe siècle.

d'arbre, rose...), les ébénistes des colonies n'hésitaient pas à sculpter des aigles aux ailes déployées et des rosiers sauvages et grimpants. Pourtant, malgré des motifs souvent plus audacieux dans le choix du sujet, le style des intérieurs était généralement moins raffiné qu'en Europe.

Tous les objets de la maison étaient essentiellement utilitaires, et dans les colonies plus qu'ailleurs, il fallait savoir avant toutes choses travailler les matières premières naturelles. En même temps que l'espoir d'une vie meilleure, les pionniers portaient en eux un grand respect pour le travail de l'artisan et un goût pour les matériaux de premier choix. Perpétuant les traditions de leur pays natal, ils concevaient avec beaucoup de soin tous les éléments nécessitant de belles finitions, par exemple des rampes d'escaliers délicatement sculptées, ou constituées de branchages entrelacés solidement fixés entre eux, mais aussi des manteaux de cheminée soutenus par des corbeaux sculptés, inspirés de la flore locale. Aujourd'hui encore, les références au milieu naturel sont nombreuses chez les architectes et décorateurs de maisons en bois, qui trouvent dans l'environnement non seulement une source de création inépuisable, mais aussi une façon d'intégrer parfaitement l'intérieur et l'extérieur de la construction dans le paysage.

À droite Bellevue Homestead. Le mur de la salle à manger est en trois parties : lambris d'appui, planches verticales et frise. Cette configuration, réservée aux pièces publiques, était très en vogue dans les riches demeures au début des années 1870, et ce jusqu'au début du XXe siècle.

En Europe, en Scandinavie ou dans le Nouveau Monde, malgré l'influence du style « country » et la prédominance d'un mobilier souvent assez rudimentaire, de nombreux intérieurs en bois présentaient un style assez raffiné. Dans les élégantes maisons de ville, le revêtement de planches verticales assemblées par rainures et languettes faisait écho aux hautes fenêtres à guillotine habillées de lourdes tentures. Dans les maisons de style néocolonial, cette élégance trouvait son

Ci-dessus, de gauche à droite Rossum, Hollande. Dans cette maison des années 1850, le revêtement mural a été posé par le propriétaire actuel, le décorateur Ischa van Delft. La décoration intérieure mêle plusieurs styles, qui se complètent pour créer un ensemble harmonieux. Le baromètre est suédois, la petite table finlandaise, et les chaises viennent de Suède et de Hollande. Cette ancienne salle de café, autrefois tapissée de papier peint, a été littéralement métamorphosée par cet habillage en bois, peint de deux teintes de gris. L'ensemble évoque davantage une maison de ville du XVIIIe siècle.

Bellevue Homestead. Dans ce petit salon, les trois parties du mur ont été peintes de couleurs différentes pour souligner les divisions. Ci-contre, le revêtement en planches horizontales habille les murs d'un passage couvert reliant deux parties de la maison.

mode d'expression dans un engouement pour tous les éléments décoratifs néoclassiques, engouement qui connut son apogée pendant la seconde moitié du XVIIIe siècle. Ces maisons, plus spacieuses, possédaient de hauts plafonds et de larges fenêtres, qui descendaient parfois jusqu'au sol, comme c'était la mode en France à l'époque. Dans les salles à manger, le revêtement en planches, qui couvrait tout le mur, était généralement peint d'un gris-bleu pâle, mat. Les portes pleines étaient en acajou foncé, le plancher décoré au pochoir, et le plafond en plâtre. Certaines maisons plus aisées accueillaient parfois des meubles vitrine peints et encastrés dans le mur.

Souvent, les colons les plus riches étaient venus d'Europe avec leurs propres meubles. Dans le Nouveau Monde, les menuisiers qui avaient des talents d'ébénistes étaient très appréciés. Ils se mirent alors à réaliser

À gauche et ci-dessus La maison du décorateur Christian Liaigre, près de La Rochelle. Le revêtement mural de cette construction des années 1830 a été refait, comme cela arrive fréquemment dans cette région en raison de l'humidité. Le salon a un aspect monacal, et les meubles, dessinés par le propriétaire, dénotent une influence asiatique. La cheminée, de style classique, est agrémentée de coraux qui ajoutent une note d'exotisme.

des copies des plus beaux meubles européens, dont certaines sont devenues de précieuses antiquités. De nombreux objets imitaient le style des fabricants de mobilier anglais, tels que Thomas Sheraton, réputé pour ses meubles élégants, incrustés de marqueterie, et George Hepplewhite, très apprécié pour ses meubles sculptés, et surtout pour ses chaises à dossier ouvert, de forme ovale ou en pointe.

Créer un intérieur chaleureux et accueillant, dans les conditions de vie parfois très rudes des colonies, était à la fois une nécessité et un plaisir. En règle générale, les colons préféraient la simplicité à la complexité et à l'ostentation. La marqueterie et autres fantaisies décoratives trouvaient parfaitement leur place dans les villes européennes où elles avaient vu le jour, mais n'avaient aucune raison d'être au milieu de la prairie. En débarquant dans le Nouveau Monde, les colons durent construire rapidement des maisons pour s'abriter avec les matériaux disponibles. Les deux critères principaux étaient la robustesse et la fonctionnalité. Quant aux considérations esthétiques, elles étaient certes présentes, mais pas primordiales. Pour ranger la vaisselle et les ustensiles de cuisine, on fixait au mur de simples étagères en planches. On confectionna les premiers garde-manger avec des caisses en bois très sommaires, peintes parfois, mais c'était bien là la seule concession à l'esthétique. Quoi qu'il en soit, elles étaient bien utiles, et illustrent l'esprit pratique des colons.

Les similitudes entre les maisons de colons en Amérique et en Australie et Nouvelle-Zélande, à la même période, sont saisissantes. Ces ressemblances tiennent évidemment au fait que les colons avaient plus ou moins la même origine géographique. Ces hommes et ces

Ci-contre et à droite Brisbane, Queensland, Australie. Le revêtement des murs et du plafond est peint en blanc satiné. Le sol, les fenêtres, les portes, les éléments de cuisine et les meubles sont également blancs. Cet espace immaculé est égayé çà et là de taches de couleur, sous forme de plantes vertes et de beaux bouquets de fleurs.

Ci-contre, de haut en bas (photos 1, 2 et 4) Cette maison de Long Island (État de New York) est dotée d'un revêtement mural très simple, de couleur claire, qui fournit un fond neutre pour exposer une multitude d'objets artisanaux et de tissus colorés : chapeaux de Bolivie, gilet traditionnel hollandais, sacs marocains, animaux en bois peint, dessins sur toile de jute du Nouveau Mexique et chaises en paille. Ici aussi **(photo 3)**, dans cette maison du New Hampshire, où les intérieurs étaient traditionnellement sombres, les murs ont été repeints en blanc pour éclairer les pièces.

À droite Brisbane, Queensland, Australie. L'architecte australien Tony Suttle a su créer un contraste harmonieux entre l'habillage traditionnel blanc, vert ou bleu et toute une gamme de matériaux modernes, tels que l'acier et le contre-plaqué.

femmes, en venant s'installer sur des terres inconnues, avaient emporté avec eux leurs traditions ancestrales, leur connaissance des matériaux et leur savoir-faire de décorateurs. Pendant des générations, ils continuèrent à alimenter la création dans ce domaine. Dans de nombreux cas, ces traditions durent s'adapter au climat et à la topographie du nouvel environnement. Ces populations partageaient une même conception de l'espace, toutes les maisons du Nouveau Monde (d'Amérique ou d'Océanie) possédant des pièces toujours larges, aérées et relativement dépouillées.

Même si les essences différaient selon les régions (le « jarrah » en Australie, le « kauri » en Nouvelle-Zélande et le cèdre en Amérique), la structure de base de la maison était la même. Au porche typiquement américain répondait la véranda australienne et néo-zélandaise. Dans les deux cas, leur fonction était de protéger du soleil. Autre trait commun aux régions chaudes des nouveaux territoires : les volets persiennés ou à jalousies, qui maintenaient l'intérieur bien au frais. Dans les zones plus froides, en revanche, de lourds volets en bois massif intégrés aux fenêtres protégeaient la maison des intempéries. La tendance à simplifier la décoration intérieure, issue de la colonisation, commença à s'affirmer un peu partout dans le monde. Les poutres de plafonds, choisies pour leur robustesse, leur couleur et leur parfum, étaient le plus souvent laissées telles quelles, et l'on préférait des encadrements de fenêtres et des portes très sobres. En règle générale, on teintait simplement les bois de premier choix, tandis que les planches de pin étaient le plus souvent peintes en blanc.

En Amérique, ce choix de simplicité trouve son aboutissement logique dans le style « Shaker », l'un des mouvements qui marqua le plus le design contemporain. La communauté des Shakers, fondée en 1747 par d'anciens Quakers, prônait la simplicité et le minimalisme. Partis de New York, les Shakers essaimèrent jusque dans l'Ohio (Middle West). Partageant les mêmes idéaux, ils voulurent créer un style qui témoigne d'une même appartenance. Ainsi, tout devait être approuvé par la communauté centrale de New Lebanon. Le design des biens de consommation des Shakers s'affirma entre 1820 et 1850, période à laquelle le style connut son apogée. À partir de cette période, on établit des normes de fabrication. Le credo des Shakers pouvait se résumer en quelques mots : « Les mains au service du travail et le cœur au service du Seigneur. » Tout ce qu'ils créaient, tout ce qu'ils utilisaient était de très grande qualité. Dans les intérieurs simples et

dépouillés, des murs entiers étaient doublés de placards et de tiroirs presque invisibles, qui sont aujourd'hui devenus des classiques du design. On peut difficilement trouver meilleure réponse aux problèmes de rangement. De ce fait, on fait souvent appel au style Shaker dans les petits appartements modernes, afin d'utiliser au mieux l'espace. Tous les objets pouvant encombrer une pièce, un chapeau, un manteau, un outil, et même une chaise, étaient pendus à des crochets au mur. Les meubles parfaitement proportionnés, aux lignes simples et épurées, étaient avant tout fonctionnels, mais également conçus dans le respect du matériau. Pour fabriquer une simple chaise à barrettes en érable, par exemple, le motif du grain avait au moins autant d'importance que la forme de la chaise. Les couleurs vives dominaient, les murs et les meubles étant souvent peints en rouge, bleu, vert ou jaune. Les fenêtres étaient généralement nues, et les planchers cirés couverts de tapis tissés main, ou au crochet, et teints avec des pigments naturels. L'ordre et le calme semblaient régner dans les intérieurs de style Shaker, sans doute pour donner aux hommes un avant-goût du paradis. Le rejet du superflu, principe même de la pensée minimaliste, était devenu un

Ci-dessous, de gauche à droite Dans ce petit pied-à-terre de 24m², situé dans le quartier du Palais-Royal, à Paris, l'architecte Olivier Vidal a su tirer le meilleur parti de l'espace. Les murs et autres surfaces sont en contre-plaqué d'okoumé, sablé et ciré, ce qui lui donne un aspect bois de santal. Les panneaux muraux, qui rappellent le travail de Charles Rennie Mackintosh, renferment des penderies et des placards. Le bureau (en bas, à droite) peut se transformer en lit d'appoint, inspiré des cabines de bateaux. Une unique paroi oblique sépare la chambre à coucher de l'espace bureau-salle de bains.

Les revêtements en bois peuvent fournir un cadre raffiné à toutes sortes de meubles de style. Mais grâce aux nouveaux placages disponibles sur le marché, le bois peut aussi être associé à d'autres matériaux pour créer des espaces résolument contemporains.

mode de vie pour les hommes et les femmes de cette communauté dont l'influence fut déterminante.

Il est difficile d'identifier précisément ce que les tenants du style « country » moderne apprécient et puisent dans le style Shaker. Sans doute une envie de rompre avec l'encombrement et le maniérisme qui caractérisaient le style « country » anglais de la période victorienne, avec ses chintz à fleurs, ses rideaux en dentelle, ses plats en faïence délicatement décorés de petites roses et de violettes. D'aucuns trouveront ce style un peu froid et austère. Mais pour ceux qui aiment la spiritualité de la forme pure, le style Shaker reste inégalé. L'influence de ce mouvement est encore présente dans la décoration simple et dépouillée de nombreuses maisons contemporaines, où les meubles ont des lignes épurées, où les dessus-de-lit sont en coton naturel, et les

Ci-dessous, ci-contre et à droite Sydney, Australie. Les murs et le plafond sont constitués de grandes plaques de contre-plaqué, insérées dans des cadres d'acier. Ces larges surfaces en bois, combinées au toit en pente, donnent à la maison un petit côté chalet des Alpes.

Ci-dessus et ci-dessous Dans le pavillon réservé aux invités, auquel on accède par un passage couvert, deux chambres à coucher et une salle de bains ont été aménagées. Accroché à flanc de colline, il offre une vue panoramique sur le paysage environnant et donne à ses occupants l'impression d'être suspendus en l'air.

paniers, en osier, utilisés comme porte-journaux ou pour contenir des fleurs séchées.

Les architectes contemporains qui travaillent en Australie et en Nouvelle-Zélande sont les maîtres du revêtement mural en bois, car ils sont les héritiers d'une longue tradition de menuiserie, dont ils s'inspirent aujourd'hui encore. Les premières maisons des riches Australiens étaient entièrement habillées de bois. Dans les cuisines, un revêtement en planches assemblées par rainures et languettes ornait fréquemment le plafond et les murs, au moins à mi-hauteur. Les salles de bains, également habillées de planches verticales, possédaient une baignoire intégrée dans un coffrage.

Lorsque les premiers colons anglais débarquèrent en Nouvelle-Zélande en 1840, nombre d'entre eux avaient apporté des maisons préfabriquées. Plus tard, il devint possible d'en importer d'Australie. Au moins jusqu'à la fin des années 1850, on utilisait, pour les revêtements intérieurs, de fines planches grossièrement sciées et fixées horizontalement par des clous faits main. Ces planches, en « rimu » ou en « kauri » (essences exotiques propres à ces régions), étaient aboutées ou fixées les unes contre les autres par rainures et languettes pour assurer une

Ci-contre et à gauche Dans cette étonnante demeure d'Auckland, en Nouvelle-Zélande, ce ne sont pas les parois mais les meubles qui divisent l'espace. Le trait dominant de l'architecture est l'utilisation de grandes baies vitrées et de puits de lumière dans la toiture, qui permettent d'admirer à chaque instant de la journée le paysage environnant.

meilleure isolation. Un peu avant le plancher, elles étaient recouvertes d'une autre planche horizontale, sorte de large plinthe qui masquait les bords irréguliers. En 1860, cette petite maison en bois devint l'habitat typique du colon néo-zélandais. Les différents styles architecturaux qui se développèrent par la suite s'en inspirent tous largement.

Aujourd'hui, dans cette région du monde, les architectes et les décorateurs ont révolutionné le style de revêtement en bois, en l'associant désormais à d'autres matériaux, synthétiques et métalliques, et en

Les parois compactes en bois contrebalancent les surfaces vitrées qui laissent pénétrer la lumière.

exploitant les nouvelles techniques de construction pour pouvoir intégrer de grandes surfaces vitrées. Par ailleurs, certains éléments traditionnels ont été conservés. L'habillage en bois dans la salle de bains est encore très présent, tant dans les maisons neuves que dans les anciennes demeures réhabilitées. Si les techniques d'habillage, les teintes et les peintures ont changé, le principe reste le même. En adaptant et en recréant des éléments originels, les architectes contemporains ont apporté un regard nouveau sur la conception de la décoration intérieure. Les surfaces en bois sont peintes en blanc ou blanc cassé, cérusées, ou laissées telles quelles, et ces parois compactes contrebalancent les larges surfaces vitrées qui laissent entrer la lumière. Respectant l'approche moderne et minimaliste, les grands pans de murs blancs constituent un fond neutre pouvant intégrer toutes sortes de mobiliers, contrairement aux papiers peints ou aux tentures murales qui risquent de se démoder très vite, tant ils sont déjà stylistiquement marqués.

Dans ces pays relativement « jeunes » par rapport à la vieille Europe, le mode de vie est plus décontracté, un état d'esprit que reflète d'ailleurs bien l'habitat. Les vastes salons s'ouvrent sur le monde extérieur grâce à de grandes baies vitrées, ou à des portes coulissantes, qui conduisent souvent à une véranda en bois. Ici aussi, le style Shaker a laissé des traces. Les objets sont suspendus à des crochets ou à des patères, fixés derrière les portes ou au mur, tant sur la véranda qu'à l'intérieur de la maison. Le mobilier est à l'image de cet art de vivre. Les chaises sont légères et pliables, les canapés, larges et confortables, ensevelis sous les coussins, et tendus de toiles de coton très résistantes. Aux fenêtres, les rideaux sont parfois remplacés par des stores, que l'on tire pendant la nuit pour se protéger des éventuels orages.

Le style décoratif des maisons du Nouveau Monde a su se démarquer de ses origines européennes, et influence désormais le design à travers le monde, y compris en Europe. La boucle est bouclée.

Ci-dessous Dans cet intérieur, on a choisi un mobilier résolument simple et neutre, qui s'harmonise parfaitement avec les matières naturelles comme le coton, l'osier et le coco.

Détails intérieurs

Depuis que les menuisiers ont découvert l'art de transformer un morceau de bois brut en objet ouvragé, ils n'ont cessé d'améliorer la forme des éléments de construction et de décoration des habitations de leurs contemporains. Ainsi, en créant par exemple de nouveaux éléments de rampes d'escalier — élégants balustres ou fine main courante —, les menuisiers se sont toujours inscrits dans une tradition qu'ils réinterprétaient en fonction de leur propre sensibilité. Au fil des siècles, les changements de mode, en bousculant les habitudes esthétiques, ont encouragé les artisans à laisser libre cours à leur imagination, et c'est ainsi qu'aux techniques traditionnelles se sont superposés les différents styles liés à chaque époque. Pour se faire une idée de l'évolution de ces styles, il suffit

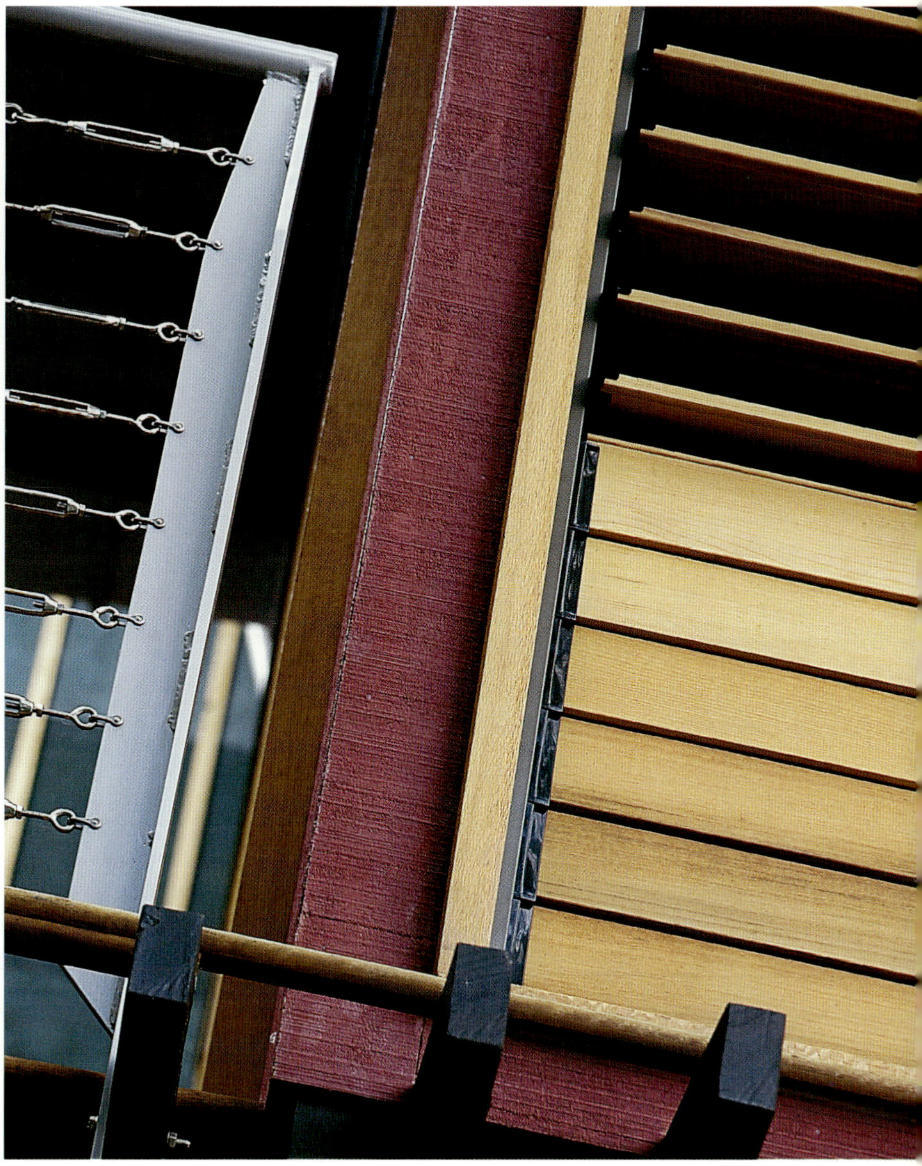

de songer aux meubles du Moyen Âge, en chêne massif et abondamment sculptés, puis au mobilier de style Shaker, qui se caractérise, à l'inverse, par une extrême sobriété. Dans chaque région, les artisans ont adapté et interprété les formes traditionnelles, pour finalement nous les transmettre. Leur démarche ne peut que forcer l'admiration, tant de leurs contemporains que des historiens de l'architecture. Car en retravaillant les objets traditionnels, ils ont su parfaire des formes qui sont devenues aujourd'hui de véritables classiques. Ainsi, les volets à persiennes s'adaptent parfaitement au climat tropical et subtropical, car ils permettent une bonne circulation de l'air et préservent du soleil, sans pour autant obstruer l'ouverture sur l'extérieur.

Les plafonds

Jusqu'au XVIIe siècle, la plupart des maisons à un seul niveau étaient formées d'une ossature en bois dont la toiture servait également de plafond. Les maisons à colombages pouvaient présenter une structure en arc, faite de poutres dressées deux à deux pour soutenir à la fois les murs et le toit de la construction, ou se composer d'un squelette en bois surmonté d'une toiture indépendante formée de poutres, de fermes, de pannes et de chevrons. La couverture du toit reposait habituellement sur des nattes en paille, des treillis de branches de noisetier ou des lattes en bois. Dans les habitations à étage, le plafond du rez-de-chaussée était formé par les poutres et solives du plancher supérieur, qui laissaient voir le dessous des lattes. Les maisons étaient décorées différemment selon leur fonction et la fortune du propriétaire. Dans les habitations les plus sommaires, les poutres et solives étaient taillées à la hache et travaillées au ciseau, l'écorce du bois n'étant parfois pas retirée. Les plafonds les plus simples avaient des poutres aux arêtes chanfreinées. Les toitures plus élaborées pouvaient être décorées d'oiseaux, d'animaux, de motifs floraux ou de grotesques, sculptés aux endroits visibles des poutres les plus apparentes.

Au XVIe siècle, dans les grandes demeures, le plafond des salles de réception se divisait souvent en compartiments symétriques. Les premiers plafonds « à caissons » restaient néanmoins très simples, les compartiments étant soit laissés pleins, soit décorés de peintures et de moulures en plâtre. Cependant, au fil du XVIe siècle, les caissons se chargèrent de motifs sculptés en forme de tresse ou de rubans entrelacés.

Dans de nombreux chalets et maisons en bois du XVIIIe siècle, on utilisa plusieurs types de plafonds à poutres apparentes. Néanmoins, dès le milieu du XVIIe siècle, ils avaient été remplacés, en ville, par les plafonds en plâtre. Les plus simples se composaient d'une fine couche de plâtre appliquée sur un assemblage de lattes clouées aux solives, qui était ensuite chaulée ou peinte. Plus tard, dans les salles de réception, les plafonds s'enrichirent d'éléments décoratifs. À l'origine, les moulures en plâtre étaient réalisées sur place. Par la suite, les éléments les plus complexes furent conçus en atelier, avec des moules en cire ou en bois, puis mis en place ultérieurement.

Ci-dessus Dyfed, Pays de Galles. Le Nant Wallter Cottage, construit entre 1760 et 1780, est recouvert d'un toit de chaume posé sur un lit en branches de noisetier. La charpente se compose de pannes reposant sur deux paires de poutres en arc.

Ci-dessus, à droite Ferme Kennixton, West Glamorgan, Pays de Galles, XVIIe siècle. La charpente de cette ferme se compose de pannes reposant sur une structure en arc. Le toit de chaume est disposé sur une natte de paille tressée.

À gauche Dans cette ancienne grange du XVIIIe siècle, réaménagée et restaurée par Stephen Mack, le plafond se compose de lattes en chêne vieilles de plus de deux siècles, récupérées sur un moulin, et de chevrons en chêne.

Ci-dessous La charpente de cette ferme savoyarde du XVIIIe siècle, à Megève, se compose de pannes massives supportant les chevrons. L'intérieur de la toiture est fermé par des voliges.

À gauche Maison de Joseph Webb, Wethersfield, Connecticut, États-Unis. Ce grenier servait à loger les esclaves. Le toit se compose de pannes, de chevrons et de planches.

Au cours des XIXe et XXe siècles, les plafonds en plâtre s'imposèrent, le XIXe étant marqué par l'abondance de motifs polychromes et de dorures. Cependant, les plafonds à poutres apparentes n'en conservèrent pas moins la faveur dans de nombreux styles d'habitations. Parmi les exemples les plus manifestes, citons les plafonds à lattes cérusées des demeures américaines de style fédéral, les plafonds à revêtement de planches peintes des maisons populaires d'Australie et de Nouvelle-Zélande, ainsi que les plafonds en bois naturel ou recouverts de morceaux d'écorce de bouleau des « Great Camps » des Adirondacks. D'autres exemples plus sophistiqués apparurent avec le style néorenaissance, notamment les plafonds à caissons profonds agrémentés de rosettes centrales et de sculptures, rehaussées de dorures et de peintures rouge et bleue. Les maisons de style néocolonial espagnol reprirent également les plafonds à caissons, mais de façon plus sobre, le bois étant généralement teint en chêne sombre ou acajou. De même, en Angleterre comme aux États-Unis, la plupart des maisons Arts & Crafts étaient décorées de

Ci-dessus, à gauche Dans la chambre d'amis, des pastilles de bois dissimulent les chevilles en acier de la charpente.

Ci-dessus, à droite Les meubles en chêne massif rappellent le style Arts & Crafts. Quant aux fenêtres, elles sont conçues de façon à ce que les rayons du soleil projettent dans la pièce le fameux motif quadrillé, présent dans l'ensemble de la maison.

Ci-dessus et ci-contre Pour cette maison de Sun Valley, dans l'Idaho, l'architecte Mark Pynn a dessiné une toiture originale. Cet assemblage de poutres formant un motif quadrillé utilise même de fausses pannes pour des besoins esthétiques. Le motif carré a inspiré l'ensemble de la décoration intérieure, fidèle à l'esprit Arts & Crafts, et ce jusque dans la forme géométrique des luminaires.

poutres chanfreinées, auxquelles s'ajoutaient des clés en pendants. Par ailleurs, les grandes villas possédaient souvent des plafonds en voûte à berceau, avec des galeries aménagées pour des musiciens.

Au XXe siècle, on remplaça souvent les plafonds en plâtre par un habillage de planches assemblées par rainures et languettes, qui fut adapté à de nombreux styles de maisons, en particulier dans les cuisines et les salles de bains. Mais au cours de ces trente dernières années, l'évolution la plus importante a été la redécouverte du toit pointu, abandonné au profit du toit plat. Cette technique a permis aux architectes d'explorer les multiples ressources visuelles de la charpente apparente, aussi bien dans des maisons en bois que dans d'autres constructions en pierre et en brique.

À droite Dans cette maison construite à La Rochelle dans les années 1830, Christian Liaigre a créé un contraste entre les tons clairs du plancher de chêne, le blanc des poutres et des murs habillés de planches, et la couleur sombre du bois huilé.

Ci-dessous Dans cette maison de montagne de Sun Valley, la cheminée en pierre contraste avec les lattes en érable du plafond.

En bas Le plafond du salon de cette maison de Rossum, en Hollande, laisse voir les lattes du plancher de l'étage.

Les planchers

Pour mettre en valeur la décoration d'un intérieur, rien ne vaut un plancher bien ciré. Selon le bois utilisé et la façon dont il a été traité, le plancher s'adapte facilement à de multiples styles d'intérieurs car il se conjugue aussi bien avec un mobilier ancien que contemporain. La couleur et la qualité du bois sont essentielles, surtout quand les lattes sont simplement huilées. Un brillant excessif n'est pas du meilleur effet, et il est sage de s'en souvenir au moment du choix de la finition.

Dès qu'il apparut dans les premières maisons à étage, où il servait aussi de plafond à l'étage inférieur, le plancher s'imposa rapidement comme élément décoratif à part entière. Auparavant, dans les maisons de plain-pied, le sol était habituellement en terre battue, la plupart du temps recouvert de dalles ou d'ardoises, excepté dans certaines pièces, comme le salon, souvent dotées d'un plancher.

Ci-dessous à gauche Ce plancher, peint en jaune clair, orne la salle de bains d'une extension moderne de Burr Tavern, construite au début du XIXe siècle à East Meredith, dans l'État de New York. La baignoire victorienne est cerclée de chêne.

Ci-dessous à droite Le plancher blanchi, puis recouvert d'un vernis clair brillant et satiné, coordonné avec les murs et les meubles, accentue l'impression de fraîcheur dans cette maison australienne du Queensland, construite dans les années vingt.

En bas, à droite Conjugué aux murs et aux volets blancs, ce plancher blanchi donne une ambiance balnéaire à cette maison de La Rochelle, construite dans les années 1830 et décorée par Christian Liaigre.

Ci-contre Ce plancher en bois, teinté et vitrifié pour en faciliter l'entretien, contraste avec le blanc des murs. Cette maison a été construite dans les années vingt sur une île du New Hampshire, aux États-Unis.

Ci-dessous et en bas Les lattes du plancher de cette maison moderne de Long Island, aux États-Unis, sont simplement posées côte à côte. Dans le coin salle à manger, le bois est recouvert d'un vernis clair qui met en valeur la couleur naturelle et les veines du pin. Dans le reste de la pièce, le bois est traité dans une teinte grise qui rappelle la couleur du bois flotté.

On préférait l'orme au chêne en raison de sa dureté, de la beauté de son grain et de sa couleur claire. Les premiers planchers étant sciés à la main, les lattes avaient souvent des épaisseurs et des largeurs assez diverses, conférant ainsi aux sols des maisons anciennes un charme qu'ont perdu les planchers modernes, depuis que les machines débitent des lattes toutes semblables les unes aux autres.

Au XVIIe siècle, l'Angleterre importa de Scandinavie des lattes prédécoupées en pin et en mélèze, qui constituèrent bientôt une alternative bon marché au chêne et à l'orme. Ces planchers anciens avaient la particularité de ne pas être fixés à la structure qui les supportait, ce qui permettait de les démonter lorsque la maison devait être vendue. Jusqu'au XVIIe siècle, les tapis tissés, importés

Ci-contre Ce plancher, teinté et ciré, crée une atmosphère chaleureuse dans le salon de la « Cape Cod » House, une petite maison du XVIIIe siècle dans l'État du Rhode Island, aux États-Unis.

essentiellement du Moyen-Orient, étaient rares et coûteux. On les remplaçait habituellement par des nattes en jonc ou en paille, surtout dans les pièces qui recevaient peu de visiteurs.

Au XVIIIe siècle, le parquet d'assemblage apparut dans les plus riches demeures. Les artisans acquirent alors une grande habileté dans l'art de réaliser les panneaux et frises d'encadrement, utilisant des lattes de couleurs différentes pour former des motifs. Une autre solution, moins coûteuse, consistait à peindre des motifs sur le sol, au pinceau ou au pochoir, sur toute sa surface ou seulement sur les bords du parquet. Les imitations de patchwork furent également une source d'inspiration fréquente.

À partir des années 1820, on façonna à la machine les premières lattes calibrées, à rainures et languettes, que l'on assemblait ensuite sur des lambourdes. Dans les colonies lointaines d'Australie et de Nouvelle-Zélande, les parquets étaient également très prisés. On les réalisait en bois de kauri et rimu, qui était raboté, puis ciré. Dans le Nouveau Monde, on trouvait beaucoup de parquets en pin teinté de couleur sombre. Il était alors d'usage de bien astiquer les lattes pour les faire briller, afin de mettre en valeur le mobilier.

Les maisons modestes de l'ère victorienne possédaient de sobres planchers à larges lattes de bois brut, recouverts de tapis. Les surfaces qui dépassaient des tapis pouvaient être teintées, passées à la cire et à la térébenthine, ou encore garnies de petites lattes de parquets. Aux États-Unis, les planchers en pin restèrent les plus courants jusqu'à la période Arts & Crafts, lorsque l'architecte américain Gustav Stickley lança alors la mode des parquets et des lambris très sombres. On appréciait particulièrement le chêne, l'érable et les bois durs exotiques, les lattes les plus belles étant débitées dans la largeur des troncs. Les parquets Art nouveau, habituellement cirés, s'ornaient de tapis à motifs colorés propres à ce style. Si les vastes demeures du début du siècle étaient souvent garnies de parquets en teck ou en chêne ciré, les maisons plus modestes se

Les planchers sont les revêtements de sol les plus sobres, mais leur beauté naturelle peut mettre en valeur de nombreux décors intérieurs.

À droite Au milieu du XIXe siècle, les lattes de plancher devinrent plus fines et régulières. Pourtant, celles du sol de cette maison hollandaise de 1850 mesurent encore plus de 30 centimètres de large, c'est-à-dire 10 centimètres de plus que les lattes calibrées.

À gauche Construite en 1873 par la marine britannique, cette maison, baptisée « The Battery », servait à héberger les marins cantonnés à Whitstable, dans le Kent. Les épais planchers en pin, teintés en acajou foncé et recouverts d'un vernis brillant, reproduisent ceux d'un pont de bateau.

À gauche Le chêne de Tasmanie est réputé pour sa résistance et la beauté de ses tons chauds, rouges et bruns. Ce plancher garnit le sol de la pièce principale d'une maison de campagne du sud de Sydney, en Australie.

contentaient généralement de lattes à rainures et languettes. Les parquets à motifs plus sophistiqués étaient, quant à eux, réservés au salon, à la cuisine et aux couloirs des maisons de ville. Cette mode traversa ensuite l'Atlantique et se développa aux États-Unis pendant la période Beaux-Arts.

Les années vingt et trente virent fleurir les parquets de bois clair. Les lattes étaient assemblées selon différents motifs, des plus simples, tels que le point de Hongrie (en chevrons), aux plus complexes. Constituant une excellente alternative aux parquets de bois sombre et ciré, ils conservèrent la faveur du public jusque dans les années soixante. Dans certaines maisons, le sol était recouvert de tapis qui ne laissaient visibles que les bords du parquet. En dépit d'un engouement généralisé, dans les années cinquante, pour des revêtements modernes comme le linoléum, l'usage du bois ne passa jamais complètement de mode. Pendant les années quatre-vingt, la vogue des lofts et autres lieux d'activités transformés en habitations remit à l'honneur les planchers en bois, dont les bords étaient parfois peints au pochoir. D'entretien facile, adaptables à tous les styles de décoration, les planchers ont conservé leur charme d'autrefois et ont su résister aux caprices de la mode.

Les escaliers

À l'origine, dans les maisons, une simple échelle permettait de passer d'un étage à l'autre. Par la suite, on conçut l'escalier droit, souvent logé dans un espace exigu et séparé par une cloison. Également très courant, l'escalier à palier se compose de deux volées de marches reliées par un palier. Dans les grandes demeures anglaises de la Renaissance, les escaliers étaient somptueusement décorés, et même les maisons plus modestes possédaient des pilastres en bois tourné et sculpté. L'escalier en colimaçon, à noyau carré en brique ou en pierre, connut lui aussi beaucoup de succès. Mais à partir du milieu du XVIe siècle, il fut plutôt réalisé en bois, dans une cage en pierre ou en brique. À l'époque élisabéthaine, les rampes avaient des balustres tournés, droits ou galbés. Quant aux rampes plates ajourées, elles sont caractéristiques de l'époque de Jacques Ier. On distingue en outre les escaliers « à la française » et « à l'anglaise », selon que le bord des marches est encastré dans le limon ou qu'il repose sur la crémaillère. À l'époque baroque, les escaliers étaient massifs, le plus souvent en chêne. Les plus beaux comportaient des rampes en bois ajouré représentant des guirlandes de feuilles d'acanthe, avec parfois des animaux sculptés. Le goût pour les balustres galbés s'accentua jusqu'au milieu du XVIIe siècle, mais après 1660, on leur préféra des balustres torsadés. Les maisons anglaises du

Ci-dessous à droite et à gauche Les marches de l'escalier de cette maison d'Aspen, dans le Colorado, sont faites de rondins débités dans des mélèzes vieux de 400 ans, victimes des feux de forêts et des insectes dans les années trente.

En bas à droite et à gauche Escalier en cèdre d'inspiration « Great Camps », dans un chalet Stick-style de l'État de New York. La balustrade est faite de branchages, avec des rondins en guise de main courante.

À droite Le superbe escalier de cette maison située près de Biarritz date des années 1770. La rampe ajourée est une version rustique d'un modèle plus sophistiqué de style Louis XIII.

Ci-dessous Le garde-corps de cet escalier en spirale d'un chalet d'Aspen est fait de branches non écorcées. Les marches sont fixées à un tronc d'arbre trouvé dans le parc national de Yellowstone.

Ci-dessus à gauche Quart tournant de la maison de Buttolph Williams, construite vers 1715 à Wethersfield, dans le Connecticut. Sur ce type d'escalier cloisonné, la main courante est habituellement fixée au mur. Ici, elle surmonte une petite rampe à balustres.

Ci-dessus à droite Cette maison moderne, dessinée par l'architecte Mark Pynn, est construite à flanc de montagne à Sun Valley, dans l'Idaho. Dans cette étroite cage d'escalier, les marches et contremarches, ainsi que la main courante, sont en érable.

À droite Cet escalier à l'anglaise se trouve à Chase Hill Farm, une maison construite à la fin du XVIIIe siècle dans le Rhode Island, aux États-Unis. Les contremarches, la porte et la partie cloisonnée ont été peintes de la même couleur.

XVIIIe siècle disposaient souvent d'un escalier principal et d'escaliers de service pour les domestiques. Au début du XIXe siècle, les escaliers à l'anglaise devinrent les plus fréquents, avec une balustrade à fins barreaux fixée à même les marches, et une main courante d'épaisseur réduite, terminée par un pommeau aplati. En Angleterre, au XIXe siècle, la main courante était souvent en acajou, et l'on produisait en série les balustres et les pilastres tournés. Dans les années trente apparurent les premiers escaliers en porte-à-faux, qui épousaient la ligne des murs. Mais il fallut attendre les années cinquante pour que les architectes découvrent qu'un escalier pouvait également créer une ouverture dans l'espace. Les modèles en bois simples ont retrouvé les faveurs du public car ils sont faciles d'entretien et privilégient les lignes pures.

Ci-contre et à gauche Escalier à l'anglaise à deux paliers, dans la maison de Silas Deane, construite en 1766, à Wethersfield. Le garde-corps en acajou ciré, fabriqué à Wethersfield, fait alterner deux types de balustres, un décor très courant à la fin de l'époque coloniale. La forme de la main courante est également caractéristique du milieu et de la fin du XVIIIe siècle. Comparé aux balustres très ouvragés, le bord des marches est traité de façon relativement sobre.

Ci-dessus, de gauche à droite Cet escalier original, sans rampe, créé par l'architecte Olivier Vidal, donne une impression de clarté et d'espace dans ce petit pied-à-terre parisien. Les marches, reliées deux à deux par des rivets chromés, sont disposées en zigzag et fixées en porte-à-faux dans un revêtement mural fait de contre-plaqué d'okoumé sablé et ciré.

Ci-dessus La cage d'escalier de cette maison datant des années 1830, à La Rochelle, a gardé ses couleurs d'origine, mais a perdu sa balustrade.

À gauche Cet escalier de Burr Tavern, une construction du début du XIXe siècle, à East Meredith, dans l'État de New York, était à l'origine vert de chrome, mais fut par la suite entièrement décapé. Le propriétaire actuel l'a repeint en ocre jaune, vert olive et vermillon.

Les portes

Que ce soit dans l'élégante entrée d'une maison de ville ou dans une simple cuisine de ferme, la porte est un élément essentiel de la décoration.

La porte extérieure joue un rôle essentiel dans la définition du style architectural et dans le rythme d'une façade. De la même façon, la taille et la forme des portes intérieures doivent s'accorder au volume des pièces qu'elles desservent. Quant au choix de la finition et des garnitures, il constitue également un élément déterminant dans la décoration d'un intérieur.

De conception très simple, les premières portes étaient faites de planches verticales ou horizontales clouées côte à côte. On en trouve aujourd'hui encore dans de nombreuses maisons en bois. C'est d'ailleurs l'un des rares éléments de la maison à avoir ainsi traversé les siècles sans modification importante, même si le traitement décoratif a évolué au gré des modes.

Ci-dessus, à gauche et au centre Jusqu'à la fin du XVIe siècle, la plupart des portes étaient faites de plusieurs planches (généralement en chêne) clouées côte à côte verticalement et renforcées par des traverses horizontales. La maison anglaise à colombage de Brookgate, construite au XIVe et agrandie au XVIe siècle, possède ces magnifiques exemples, la porte de gauche étant d'origine, alors que celle de droite a été remplacée assez récemment.

En haut à droite Cette porte en solides planches de pin naturel se trouve à Chase Hill Farm, une ferme du XVIIIe siècle restaurée par Stephen Mack, dans le Rhode Island, aux États-Unis. La tête des clous reste apparente, conformément à une tradition décorative qui remonte au Moyen Âge.

Ci-dessus, de gauche à droite Loquet de porte en fer forgé du XVIIIe siècle ; portes à panneaux fixées à des gonds forgés à la main ; porte à deux battants faite avec du bois récupéré lors des travaux. Tous ces éléments proviennent d'une grange réaménagée par Stephen Mack à Harvard, dans le Massachusetts.

Ci-dessous Cette porte en chêne à traverses bien cirées date du XVIe siècle. Les seules concessions à l'ornementation sont les bords chanfreinés des traverses, la poignée et le crochet.

Pendant la Renaissance, on construisait les portes extérieures avec des planches en chêne qui pouvaient atteindre 65 centimètres de largeur. Elles étaient maintenues soit par des lattes horizontales clouées sur la face intérieure de la porte — les traverses —, soit par une deuxième série de planches clouées perpendiculairement à la première. La tête des clous restait généralement apparente et servait de décoration.

Au milieu du XVIe siècle, les portes intérieures à panneaux serviettés se répandirent. Les grandes portes intérieures pouvaient parfois se

Ci-dessus Burr Tavern, East Meredith, État de New York. Toutes les portes de cette maison sont anciennes et ont été posées par le propriétaire actuel. Ce modèle, constitué de deux planches et de traverses, a conservé sa couleur jaune d'origine. Derrière, la porte à quatre panneaux, plus classique, a été repeinte en vert olive.

Ci-dessus Porte à panneaux moulurés et poignée en fer, à Chase Hill Farm, dans la maison de l'architecte Stephen Mack. La couleur bleue contraste avec le bois blanchi à la chaux qui recouvre les murs, et dont l'aspect écaillé affirme l'authenticité du lieu.

À gauche, en haut À l'origine, les murs de cette maison hollandaise du XIXᵉ siècle étaient tapissés de papier peint. Par la suite, ils ont été habillés de planches anciennes et récentes, puis peints. Le mur dissimule une porte avec le même habillage.

À gauche, en bas Cette porte à quatre panneaux, intégrée dans une cloison mobile faite de planches verticales, se trouve dans une grange du XVIIIᵉ siècle, restaurée par Stephen Mack.

Ci-contre Les murs et les portes à panneaux en chêne de la salle à manger d'Athelhampton House, un manoir anglais du XVIIᵉ siècle, ont été repeints en 1985.

Ci-dessous Cette porte partiellement vitrée éclaire un escalier de la Simon Huntington Tavern, construite au XVIIIᵉ siècle à Norwich, dans le Connecticut.

Ci-dessous à droite Une double porte vitrée, peinte en rouge corail pour rappeler la proximité de la mer, sépare l'entrée du salon dans la maison de Christian Liaigre, près de La Rochelle.

présenter sous la forme d'une structure en bois remplie de panneaux, mais la majorité était constituée de planches maintenues par des traverses. Les encadrements de portes étaient plus élaborés à l'intérieur de la maison que sur les portails extérieurs, surtout après l'introduction d'éléments de style classique, tels que les colonnes et les corniches, à partir du milieu du XVIᵉ siècle. Bien que rudimentaire, le système de fixation à base de lanières en cuir n'en était pas moins efficace. Quant à la forme de la poignée, en fer ou en bois, elle donnait parfois à la porte un vrai cachet. Les serrures en cuivre ou en ferronnerie n'apparaissaient que sur les portes des plus riches demeures.

Les portes à panneaux, caractéristiques de la période baroque, comptaient entre deux et cinq panneaux, parfois de formes différentes, et généralement décorés de moulures. À cette époque, les gonds étaient fixés sur la porte et non plus encastrés à l'intérieur des montants. Devenue un élément de sécurité indispensable, la serrure prit une multitude de formes et s'enrichit de motifs ornementaux gravés par des artisans, qui trouvèrent ainsi un nouveau domaine à exploiter. À partir du milieu du XVIIIᵉ siècle, les portes des intérieurs anglais furent garnies de poignées à béquilles et, peu après, de boutons de porte. Les serrures étaient en général en fer ou en cuivre, et celles des riches demeures s'agrémentaient de dorures ou d'éléments ouvragés.

Dans les belles demeures d'Amérique du Nord, les portes à deux panneaux peu saillants restèrent les plus répandues jusqu'à la fin du XVIIᵉ siècle. Par la suite, dans les années 1730, les portes d'assemblage à panneaux moulurés s'imposèrent sous l'influence des artisans

À gauche Portes à panneaux moulurés d'une maison du XVIIIe siècle à Stonington, dans le Connecticut, restaurées par Stephen Mack. Ce type de porte devint très courant à partir de 1730.

européens qui importèrent leur savoir-faire, ainsi que leurs catalogues de modèles. L'encadrement, lui aussi traité de façon nouvelle, était surmonté d'un arc brisé et segmenté, orné d'un ananas. On installa parfois des jalousies sur les portes intérieures, afin de se protéger du soleil pendant les mois d'été.

Au début du XIXe siècle, les portes intérieures en pin des maisons les plus modestes étaient simplement peintes, tandis que les riches demeures pouvaient s'enorgueillir de modèles en acajou massif, dont les panneaux bien cirés s'ornaient de sculptures ou de moulures. Les portes les plus simples pouvaient être peintes ou traitées en faux bois, tandis que les plus luxueuses s'agrémentaient d'incrustations d'ébène, de houx ou de cerisier en guise de touche exotique. À partir de 1770, on vit se développer la mode des motifs étrusques ou inspirés des ruines antiques de Pompéi. Au début du XIXe siècle, les campagnes militaires de Napoléon entraînèrent un véritable engouement pour les motifs égyptiens. C'est à cette époque aussi qu'apparurent les plaques de portes en cuivre, destinées à éviter les traces de doigt. À partir de 1840, pendant la période Regency, les salles de réception furent dotées de portes à deux battants, qui permettaient de fermer une partie de l'espace. Elles pouvaient comporter jusqu'à six panneaux à moulures, et les imitations de bois de rose ou l'acajou flammé étaient alors très prisés. À cette époque, on employait à la fois les serrures en fer ou en cuivre fixées à la surface du bois et celles, plus modernes, encastrées dans le montant de la porte.

À l'époque victorienne, les portes des pièces de réception pouvaient faire jusqu'à 8 centimètres d'épaisseur et comporter un nombre variable de panneaux et de moulures. En revanche, les plus courantes n'avaient généralement que 2 centimètres d'épaisseur. Sur les portes en pin, on avait souvent recours à des imitations de bois plus noble. Aux États-Unis, au XIXe siècle, une porte coulissante séparait habituellement le salon de la salle à manger. Dans les maisons Arts & Crafts anglaises et américaines, on remit à l'honneur les portes en bois simples et massives, d'inspiration

Ci-contre La porte d'entrée de Burr Tavern possède une poignée en fer. Jusqu'au début du XIXe siècle, dans les campagnes, les garnitures en cuivre étaient réservées aux portes intérieures.

À droite Ces portes, restaurées par Stephen Mack, possèdent des serrures en cuivre qui, malgré leur prix élevé, se popularisèrent après 1725, avant de passer de mode à la fin du XVIIIe siècle.

En haut, à gauche et à droite Portes à panneaux moulurés de Chase Hill Farm, la maison de l'architecte Stephen Mack. En ville, dans les demeures anglaises du XVIIIe siècle, les portes les plus courantes comportaient non pas quatre, mais six panneaux. Leur relief évolua aussi au cours de cette période, en devenant de moins en moins saillant.

Ci-dessus à gauche Cette porte à panneaux, flanquée de pilastres d'inspiration classique, se trouve dans le salon de la maison de Joseph Webb, dans le Connecticut.

Ci-dessus Cette porte à six panneaux et garnitures en cuivre est typique des maisons anglaises et américaines de la fin du XVIIIe siècle.

médiévale, fermées par des loquets en fer plutôt que par des boutons. Sous le règne d'Édouard VII, les portes en teck ou en acajou, bien cirées, donnaient un caractère particulier aux maisons anglaises, et celles en bois tendres étaient peintes en harmonie avec les couleurs de la pièce.

Dans les belles villas américaines de style Beaux-Arts, un vaste porche menait habituellement à un hall d'entrée qui distribuait les différentes pièces. L'acajou était alors en vogue, de même que les portes d'inspiration française, à panneaux peints de motifs floraux, de trophées classiques et de paysages romantiques. Dans les années vingt, les panneaux serviettés de style Renaissance revinrent à l'honneur des deux côtés de l'Atlantique avec la mode du style historicisant. Ils laissèrent ensuite la place, à la fin des années trente, aux portes en pin fabriquées en série. Pour les modernistes, les portes planes en contre-plaqué, sans panneaux ni moulures, symbolisaient le progrès. Plus tard, les architectes redécouvrirent l'importance de la porte pour marquer la symétrie d'une pièce, ainsi que l'attrait unique du bois dans la décoration intérieure.

Les fenêtres

Les fenêtres n'ont pas pour unique fonction de laisser pénétrer la lumière à l'intérieur des maisons. Leur emplacement dans une pièce est également primordial, car elles sont des repères visuels qui rythment les surfaces murales et qui déterminent la disposition des meubles. Le type de bois choisi pour réaliser le châssis est parfois aussi important que la vue offerte sur l'extérieur. En effet, selon qu'il est peint ou non, il peut conférer à la pièce un caractère tout à fait unique.

L'architecture et la décoration intérieure requièrent le sens des proportions. Pendant longtemps, la forme des fenêtres fut à la fois dictée par la tradition, la mode et la superficie de l'espace qu'il fallait éclairer. Jusqu'au XVIe siècle, les fenêtres étaient de simples ouvertures pratiquées dans les murs, sans vitres et seulement obstruées par des barres en bois verticales, les meneaux, ou horizontales, les impostes. Des volets intérieurs en bois massif, sur gonds ou à glissières, permettaient de se protéger du vent et de la pluie. Par la suite, des panneaux formés de petits morceaux de verre assemblés furent fixés à même les montants ou dans des cadres en fer forgé munis de gonds.

Le verre apparut dès la fin du XVIe siècle mais, étant donné son prix coûteux, les fenêtres vitrées restèrent l'apanage des bâtiments les plus prestigieux. Fabriqué à l'origine sous forme de disques soufflés,

Ci-dessous Cette chambre d'étage de Hempstead House, construite en 1678 à New London, dans le Connecticut, possède encore ses fenêtres d'origine, avec une résille de plombs en losanges fixée à des tiges en fer verticales.

Ci-dessous à droite Maison de Buttolph Williams, construite vers 1715, à Wethersfield, dans le Connecticut. La résille de plombs en losanges est fixée à des tiges métalliques. Contrairement aux fenêtres de gauche, celle-ci ne s'ouvre pas.

À droite Ces fenêtres à guillotine éclairent cette chambre aménagée dans les combles de Chase Hill Farm, construite au XVIIIe siècle dans le Rhode Island.

À droite Ces fenêtres à guillotine de Burr Tavern, à East Meredith, dans l'État de New York, ont été peintes en marron. Le pigment étant disponible dans la région, cette couleur bon marché s'employait traditionnellement sur les menuiseries des pièces secondaires à la fin du XVIIIe et au début du XIXe siècle.

Ci-dessus et en haut à gauche Maison d'Isaac Stevens, XVIIIe siècle, Wethersfield. Les volets coulissants « à l'indienne » empêchaient la lumière de pénétrer dans la pièce, tout en préservant l'intimité et la sécurité du lieu.

Ci-dessus à droite The Battery, construite à la fin du XIXe siècle à Whitstable, dans le Kent, en Angleterre. Cette fenêtre classique à guillotine est peinte d'un beau rouge vif qui contraste avec le bleu pâle du mur.

Les volets à persiennes donnent un cachet particulier aux fenêtres, tout en garantissant une excellente ventilation et une protection contre le soleil.

À gauche Les volets à persiennes de cette salle de bains sont l'œuvre du propriétaire. Il s'agit d'une extension d'une maison en bois construite au début du siècle sur une île du New Hampshire.

À droite Dans la même salle de bains, des persiennes verticales, à lames fixes ou pivotantes, protègent une ouverture vitrée.

il était très mince et opaque. Les différents éléments furent d'abord assemblés en diagonale pour former des losanges. À partir du XVIIe siècle, la taille des morceaux de verre augmenta, et on les disposa alors plus communément sur un axe horizontal, de façon à former des rectangles. Toutes les fenêtres ne s'ouvraient pas forcément, excepté celles formées d'un châssis en bois mobile et fixées par des gonds.

À l'époque baroque, et jusqu'à la fin du XVIIIe siècle, la taille des fenêtres augmenta. En Angleterre, vers 1670, l'apparition du système à guillotine, à ouverture verticale et contrepoids, rendit impostes et meneaux inutiles, et permit l'utilisation de vitres beaucoup plus grandes. Si l'emploi des fenêtres à guillotine se généralisa dans les grandes demeures en brique, les maisons en bois conservèrent leurs fenêtres à croisées à la française. Pour fabriquer les châssis, on utilisait habituellement du pin et du sapin de la Baltique, qu'on protégeait des intempéries avec de la peinture blanche au plomb. Les volets intérieurs faisaient parfois partie intégrante de la fenêtre. Dans ce cas, le côté visible et le châssis étaient traités en harmonie avec les autres boiseries de la pièce. Aujourd'hui encore, il n'est pas rare de trouver des volets qui ont gardé leur peinture blanche d'origine. Cet aspect ancien peut parfaitement s'accorder aux goûts contemporains, mais il dissimule la beauté du grain et la couleur naturelle du bois.

Par la suite, les maisons anglaises du début du XIXe siècle devinrent beaucoup plus lumineuses, les fenêtres des étages étant désormais aussi grandes que celles du rez-de-chaussée, en particulier dans le salon qui paraissait ainsi plus spacieux. Dans les années 1780 apparut un nouveau modèle, la porte-fenêtre, qui, à la campagne, facilitait l'accès au jardin, ou, dans les appartements de ville, au balcon. Elle introduisit un élément de décoration inédit dans l'architecture intérieure et resta une forme très prisée. À la même époque, la fenêtre à guillotine s'adapta à différents styles et prit par exemple une forme cintrée. D'autres, comme celles de style gothique, connurent également un grand succès.

Ci-contre Située très en hauteur, cette ouverture vitrée à persiennes laisse pénétrer la lumière tout en préservant l'intimité des occupants de la salle de bains.

Dans les années 1840, alors que les vitres s'amincissaient, on assista à un véritable engouement pour la fenêtre en saillie, le fameux *bow-window*, qui détrôna bientôt les volets. En Angleterre, en 1851, la suppression de l'impôt sur les fenêtres et l'amélioration des techniques de fabrication du verre contribuèrent à augmenter la taille des ouvertures. Les façades massives des premières maisons Arts & Crafts furent percées, sur l'ensemble de leur surface, de fenêtres à croisées en bois à petits carreaux. Parallèlement à une prise de conscience du rôle de la lumière et de l'air dans la vie quotidienne, on vit apparaître de grandes fenêtres à guillotine sur les maisons de style Queen Anne. Celles en encorbellement restèrent prédominantes en Angleterre, mais les rangées de fenêtres classiques se développèrent ensuite des deux côtés de l'Atlantique. À l'exemple des innovations de Charles Rennie Mackintosh et de Frank Lloyd Wright, on vit également apparaître des fenêtres à fleur de mur, s'inscrivant dans le prolongement de ce dernier ou en retrait par rapport à la façade.

L'Angleterre des années trente fut assez fortement influencée par la Scandinavie, et l'on observa un regain d'intérêt pour les châssis en bois. Les grandes baies vitrées, véritables parois transparentes, étaient très en vogue chez les architectes modernistes. À la campagne, la baie vitrée peut être un réel atout pour une villa, si elle offre une vue exceptionnelle sur le paysage. En revanche, dans le contexte urbain, elle ne correspond pas forcément aux besoins des habitants, qui souhaitent avant tout préserver leur intimité.

Traditionnellement, on peignait ou on vernissait les châssis de fenêtre, selon l'essence utilisée. Le bois le plus fréquent était le pin, meilleur marché que les bois durs. Cependant, depuis que les produits de finition assurent une parfaite étanchéité, les châssis en bois dur

Ci-dessus En dessinant ces larges fenêtres en bandeau, l'architecte Jim Ruscitto a voulu éclairer l'escalier et l'étage, tout en créant un contraste avec les lignes courbes des rondins et du garde-corps.

Ci-dessus Le toit de cette maison australienne est recouvert de tôle ondulée. La façade, également habillée de tôle peinte en blanc, est percée de deux fenêtres.

Ci-dessus Des volets à jalousies peuvent très bien s'adapter sur une fenêtre à croisée. Cette combinaison répond parfaitement aux contraintes du climat subtropical de Brisbane.

Ci-dessus et à droite Dans cette maison australienne, dessinée par John Mainwaring, l'atelier de l'artiste possède une paroi garnie de volets à persiennes en verre et en bois. Ils sont surmontés de panneaux en verre qui laissent pénétrer la lumière du jour lorsque les persiennes sont baissées pour protéger du soleil ou préserver l'intimité du lieu.

Ci-dessus Les larges vitres insérées dans l'un des pignons de cette maison d'Aspen, dans le Colorado, permettent d'éclairer la mezzanine qui surplombe la salle principale.

À gauche et ci-dessous Dans cette maison du Queensland, en Australie, dessinée par l'architecte John Mainwaring, le couloir d'entrée donne sur l'étage supérieur. Grâce aux fenêtres à persiennes qui protègent de la chaleur tout en laissant pénétrer l'air et la lumière naturelle, la climatisation n'est pas nécessaire. Au rez-de-chaussée, des persiennes articulées permettent d'ouvrir le couloir sur l'extérieur.

remplacent souvent les fenêtres en pin de qualité inférieure pour des raisons esthétiques et d'entretien.

Dans les pays chauds, il est essentiel de bien réfléchir à la disposition des fenêtres afin de créer des espaces à la fois lumineux et abrités du soleil. Trois types d'ouverture sont à même de fournir des solutions appropriées : les vélux percés dans le toit, les fenêtres tout en longueur s'ouvrant en hauteur et les volets à persiennes.

Aujourd'hui, les architectes s'intéressent beaucoup à l'association du verre et du bois, car l'amélioration des propriétés thermiques du verre leur permet d'envisager de plus grandes surfaces vitrées. Cependant, les fenêtres traditionnelles resteront encore longtemps un élément essentiel de l'habitat vernaculaire.

Placards et étagères fixes

Dès le début du XVIe siècle, en Europe et en Scandinavie, on construisit des éléments de rangements fixes, adaptés à la forme des pièces, notamment dans les cuisines et les salles à manger. Quant au garde-manger, il était un moyen pratique et naturel de conserver la nourriture. Aujourd'hui encore, dans de nombreux pays, on a recourt à ce type de placard, tendu d'une toile métallique pour éloigner les insectes. Dans les maisons plus cossues, les aliments étaient rangés dans des placards à serrures, fermés à clé.

Les cuisines comportaient souvent des placards aménagés dans des recoins et fermés par des portes. Des inventaires du XVe et XVIe siècles précisent qu'ils pouvaient accueillir des livres, mais la plupart des autres sources indiquent que ces placards servaient généralement à conserver les restes de nourriture destinés aux pauvres. On installait souvent des rangements à côté de la cheminée, afin de garder l'intérieur bien sec. Quant à leur taille, elle dépendait de la richesse du foyer. Les placards de cuisine de cette époque avaient parfois des fonctions spécifiques, notamment celle de ranger la charcuterie. Très en vogue à l'époque baroque, les placards d'angle étaient souvent surmontés d'un coffrage en forme de coquille et dotés de rayonnages courbes. En Scandinavie, ces meubles étaient peints de motifs traditionnels.

Jusqu'à la fin du XVIIe siècle, les Scandinaves conservèrent l'habitude de construire des meubles intégrés à la structure de la maison. Les lits, aux montants sculptés et joliment peints, étaient la plupart du temps

Apparus au début du XVIe siècle, les rangements construits sur mesure permettent d'utiliser au mieux l'espace dans les petits appartements.

Ci-dessus Dans cette maison hollandaise du milieu du XIXe siècle, la niche cintrée comprend deux étagères et un placard fermé dans la partie inférieure.

À gauche Un placard à vaisselle, typique du XVIIIe siècle, est intégré aux boiseries de la maison d'Isaac Stevens, à Wethersfield, dans le Connecticut.

Ci-contre et en haut à droite Maison de Joseph Webb, à Wethersfield. Une élégante niche cintrée de style néoclassique flanque la cheminée.

encastrés dans les murs. Les pièces lambrissées du XVIIIe siècle comportaient souvent une niche d'angle où l'on exposait des porcelaines sur différents niveaux. Vers le milieu du siècle apparurent des étagères murales presque toujours vitrées et habituellement présentées par paire. Dans les pièces lambrissées, le manteau de cheminée était souvent flanqué de placards discrets servant à entreposer les bûches et les pommes de pin. Les placards d'angle, devenus très populaires, se transformèrent en vitrines grâce au développement du verre. Dans le renfoncement des fenêtres ou à proximité des cheminées, on installait très fréquemment des sièges, ainsi que des coffres, qui servaient aussi de rangement. À mesure que les livres se multiplièrent, de nombreuses maisons aménagèrent des bibliothèques. À l'origine, on plaçait les livres dans des placards fermés, remplacés ensuite par des étagères ouvertes, en chêne ou en acajou massif, lorsqu'il devint de bon ton d'exposer la reliure des ouvrages. Certaines bibliothèques, placées au-dessus de placards munis de portes, possédaient des rayonnages fermés par des vitres. Des placards et des étagères en chêne ou en orme, destinés à ranger le linge, tapissaient les murs des couloirs situés à l'étage et des chambres de gouvernantes. Quant au célèbre dressoir, l'une des inventions les plus originales des artisans scandinaves du XVIIIe siècle, il servait à exposer les plus belles pièces de vaisselle de la maison. Par la suite, il devint un élément classique du mobilier de cuisine.

Ci-dessus Une maison à structure poteaux et poutres, à Long Island. Des étagères garnissent le côté mansardé de cette pièce aménagée dans les combles.

Ci-dessus Cette bibliothèque en pin épouse la forme des murs de la « Bath House », construite sur une île du New Hampshire, aux États-Unis.

À gauche Meuble typique du XVIIIe siècle, ce dressoir peint se trouve dans la cuisine de la maison de Silas Deane, construite à Wethersfield en 1766. Autrefois, la partie inférieure du meuble a peut-être été fermée par des portes.

Au début du XIXe siècle, les placards et autres éléments intégrés s'adaptèrent aux goûts néoclassiques, et furent réalisés dans des bois durs et bien cirés, comme l'acajou. On privilégiait les placards d'angle à porte arrondie et, dans les salles à manger, les buffets encastrés dans des alcôves. Les bibliothèques s'ornaient d'étagères habituellement insérées dans une niche, et dont la corniche arrivait au niveau du mur.

Durant la période Regency et jusque dans les années 1840, on construisit peu de meubles sur mesure. Les cuisines et les chambres des domestiques conservèrent leurs espaces de rangement, mais à mesure que s'affinèrent les techniques d'ébénisterie, les meubles mobiles se multiplièrent. Les murs de salons et de salles à manger des maisons américaines se couvrirent de placards à rayonnages qui servaient à ranger des livres, de l'argenterie ou de la vaisselle.

L'Angleterre victorienne fut marquée par un renouveau de la menuiserie d'intérieur sur mesure. Le comble du chic était alors de se faire construire une chambre à coucher ou une bibliothèque en bois teinté ou ciré. Quant au « cosy-corner », c'était un divan surmonté d'une étagère, qu'on installait dans un angle de pièce ou près de la cheminée. La plupart des cuisines possédaient un vaisselier, dont les rayonnages furent par la suite fermés par des vitres. Les intérieurs américains suivirent une évolution comparable. Les bancs aménagés sous les fenêtres étaient fréquents dans les maisons de style Shingle et néocolonial, ainsi que dans les maisons Arts & Crafts anglaises et américaines.

Au début du XXe siècle, les maisons de style Arts & Crafts comportaient souvent des placards à portes massives et fines ferrures, des étagères vitrées pour les livres et la vaisselle. De nombreux architectes s'intéressèrent également aux rangements intégrés. Les placards conçus par Charles Rennie Mackintosh, très simples, s'agrémentaient d'incrustations en verre ou en métal, de moulures ou de peintures qui faisaient écho aux motifs verticaux des murs. En outre, les parois entourant la cheminée étaient garnies d'étagères. Aux États-Unis, Frank Lloyd Wright s'intéressa plutôt à ce domaine sous l'angle de la sculpture, coordonnant les motifs décoratifs des placards, des fenêtres, des coffrages et de l'habillage de la cheminée. Sous Édouard VII, le dressing devint de plus en plus fréquent,

À droite À Chase Hill Farm, dans le Rhode Island, aux États-Unis, l'évier de la cuisine a été taillé dans un gros bloc de granit. Le placard en bois, qui habille le dessous, est peint de la même couleur que les autres boiseries de la pièce. De la vaisselle orne les étagères situées au-dessus de l'évier.

Ci-dessus Salle de bains de Burr Tavern, à East Meredith, dans l'État de New York. Les placards reprennent les caractéristiques du style Shaker. Au XIXe siècle, les sanitaires ainsi habillés devinrent de plus en plus à la mode.

Ci-dessus La salle de bains de Chase Hill Farm, construite au XVIIIe siècle, est équipée d'une baignoire émaillée et de placards en pin qui ont été traités de façon à obtenir une couleur blanche un peu opaque.

Ci-dessus Coin lavabo en teck dans la maison de Christian Liaigre, près de La Rochelle. S'il est régulièrement huilé, le teck devient très résistant à la moisissure, et constitue un matériau idéal pour habiller les baignoires ou les éviers de cuisine.

car on considérait qu'il était malsain de dormir dans une pièce où étaient rangés les vêtements et les chaussures. L'entre-deux-guerres vit également un renouveau des rangements intégrés, afin d'économiser l'espace. Les modernistes, soucieux de créer des pièces ordonnées recoururent eux aussi à ce type de mobilier, multipliant les placards, les coffres à dessus rabattable et les lits à tiroirs. Dans certaines maisons, un compartiment spécial était même prévu pour le téléphone, la télévision ou la radio.

Au cours des siècles, les rangements intégrés ont largement fait leurs preuves et ont été déclinés dans tous les styles. On continue aujourd'hui à équiper les cuisines et les salles de bains de placards conçus sur mesure et à prévoir des rangements fixes dans les chambres à coucher. En revanche, les espaces où l'on vit et où l'on prend ses repas n'accueillent plus guère ce type de meubles, car à chaque déménagement, de plus en plus fréquent, on préfère désormais emporter le mobilier avec soi.

À gauche Les murs en bois blancs de la cuisine de Christian Liaigre sont sobrement agrémentés d'étagères en bois naturel. Les placards, fermés par des portes en pin teinté de couleur sombre, supportent un plan de travail en teck massif huilé, dans lequel sont encastrés un évier et une cuisinière à gaz.

Ci-contre et en bas Dans cette maison située dans le New Hampshire, rénovée en 1920, les murs de la cuisine sont garnis d'un côté de lames en pin où sont accrochés les ustensiles les plus courants, et de l'autre d'étagères qui servent à ranger poteries et bocaux.

À droite Les placards de cuisine de Burr Tavern sont peints en bleu de Prusse, une couleur très courante aux États-Unis jusque dans les années 1830, mais qui par la suite ne s'utilisa plus guère sous sa forme pure en raison de son prix élevé. On le mélangeait souvent à du blanc, meilleur marché, ce qui donnait un bleu plus clair.

Les meubles

Les artisans qui eurent les premiers l'idée de travailler le bois pour en faire des objets usuels nous ont légué un riche héritage, toujours présent dans le mobilier actuel. Qu'ils aient été fabriqués en Scandinavie, en Europe ou en Amérique, ou encore en Australie, sous les tropiques, ces meubles anciens nous séduisent autant par leur rusticité que par leur simplicité.

Pour exploiter les richesses du bois, il suffit tout d'abord de s'inspirer des formes que propose la nature. Les premiers meubles furent donc extrêmement sobres et purement fonctionnels, notamment les tabourets, composés d'un simple assemblage de branches d'arbre clouées à un

Ci-dessous à gauche La base et l'assise de ce fauteuil rustique sont faites de lattes de bois croisées, et le dossier et les accoudoirs sont tendus de cuir de vache.

Ci-dessous au centre Sun Valley, dans l'Idaho, aux États-Unis. Ces deux chaises longues en bois, d'inspiration « Great Camps », encadrent une petite table construite selon les mêmes principes.

En bas au centre Aspen, dans le Colorado. Ce siège, créé par l'architecte Jim Ruscitto, a été creusé dans le tronc d'un gros arbre mort qui soutient aujourd'hui la mezzanine. En Scandinavie, au Moyen Âge, ce type de siège était très répandu.

Ci-dessous à droite et en bas à droite Chalet situé près d'Aspen. Les sièges de la terrasse s'inspirent des meubles en branches de style « Great Camps ». Le bois utilisé pour fabriquer ce mobilier provient des versants boisés des Rocheuses, qu'on devine dans le fond.

À gauche Sous le porche d'entrée d'une maison d'Aspen, cet étonnant fauteuil à haut dossier, fait de fines branches d'arbre, est inspiré des meubles rustiques des Adirondacks.

Ci-dessous Le tabouret rustique, l'une des premières réalisations artisanales, se retrouve dans toutes les régions boisées d'Europe, de Scandinavie et des États-Unis.

En bas Tabourets « Bruyère » dans la maison de Christian Liaigre, près de la Rochelle.

À gauche Fauteuil en osier africain, dans une maison à ossature en bois de Long Island, dans l'État de New York.

À droite La salle à manger de cette ferme restaurée du XVIIIe siècle, à Megève, est meublée d'une table en bois massif, achetée dans un couvent en Provence, et de robustes chaises savoyardes à dossiers richement sculptés. Un tapis orné de motifs ethniques s'harmonise parfaitement au décor.

À gauche Cette chaise, dessinée par l'architecte américain Mark Pynn, est entièrement réalisée à base de bois courbé, une technique qui permet de donner au matériau des formes très particulières, après l'avoir chauffé à la vapeur.

morceau de bois rond ; pour concevoir une chaise, il suffisait d'assembler quatre pieds à une assise plate et d'y ajouter de fines branches droites en guise de dossier. C'est progressivement que l'on commença à travailler les branches d'arbre pour en faire des meubles. Certains peuples réalisèrent des sièges très solides à partir de souches d'arbre, qu'ils recouvraient ensuite d'un coussin pour plus de confort. Quant aux grandes tables en pin, leur histoire remonte au XVIe siècle, à l'époque où l'on s'en servait aussi bien pour prendre ses repas, que pour travailler et se réunir en famille pour des occasions particulières. Composante essentielle de la vie sociale et familiale, la table en bois est restée un élément central du mobilier de cuisine moderne.

La forme des meubles évolua surtout grâce au travail des menuisiers et des tourneurs. Les premiers mirent au point la technique d'assemblage par tenons et mortaises, dont le principe consiste à loger un élément saillant dans une entaille creusée pour le recevoir. Autrefois, les meubles de grande taille, tels que les tables ou les placards, étaient faits de planches débitées à la scie ou à la hache, et assemblées avec des clous grossiers. Les menuisiers avaient pour fonction de fabriquer le mobilier courant, comme les chaises, les lits, les tables, les bancs ou les coffres, ainsi que les boiseries murales et les rangements adaptés à chaque pièce. Quant au tourneur, il concevait des articles simples, mais aussi des tables et des chaises. Pour réaliser les objets usuels, on utilisait toutes sortes de bois, en particulier le chêne, l'orme et le pin, chaque essence offrant néanmoins ses qualités propres à l'habileté de l'artisan. Les plus talentueux savaient deviner le potentiel du bois sous l'écorce et la mousse pour pouvoir l'exploiter au mieux.

En Scandinavie, où les hivers sont particulièrement longs, les hommes passaient une bonne partie de leur temps à travailler le bois. Laissant libre cours à leur créativité, ils avaient tout loisir de se familiariser avec les subtilités des différentes essences. Leur habileté à combiner l'aspect esthétique et fonctionnel des objets reste une caractéristique importante de leur culture moderne.

À l'époque élisabéthaine, la plupart des meubles étaient de taille imposante, avec des panneaux massifs en chêne abondamment sculptés. Au début du XVIIe siècle, les formes se simplifièrent et l'on utilisa plutôt le noyer, le hêtre, le frêne et les bois fruitiers. Les lits à baldaquin, magnifiquement sculptés, étaient fermés par des tentures de coton, de lin ou de soie. Quant aux maisons rurales, elles accueillaient des chaises en chêne massif à haut dossier, pieds tournés et assise cannée, avec ou sans accoudoirs.

Ci-contre et en bas Le travail du décorateur Christian Liaigre est particulièrement influencé par les styles japonais, thaï, indonésien et antillais. Ainsi, les meubles qu'il dessine sont souvent en bois dur huilé, comme le teck. Il aime aussi souligner le rapport qui existe entre la forme et la fonction d'un meuble. Ce lit à baldaquin sans rideau et ce bureau qui meublent sa maison, près de La Rochelle, affichent une simplicité de ligne qui n'est pas sans rappeler le style Shaker américain.

Ci-dessous Les Fermes de Marie, à Megève. Une simple table en bois massif et quatre chaises cannées meublent la cuisine où le bois est omniprésent.

Ci-dessus Inspiré des modèles à baldaquin classiques, ce lit de style « Great Camps » meuble la chambre d'un chalet près d'Aspen.

Ci-dessus à droite Lit clos en bois typiquement savoyard, dans la ferme d'Hauteluce, au pied du mont d'Arbois.

À droite Ce placard en chêne du Danemark, datant des années 1620-1630, servait vraisemblablement à ranger de la laine.

À droite En choisissant de peindre en bleu tibétain les boiseries de sa maison de ville hollandaise, le décorateur Ischa van Delft a créé un cadre élégant qui met en valeur ces chaises cannées du XIXe siècle.

À gauche La « chambre bleue » de la maison de Silas Deane, à Wethersfield, dans le Connecticut. Le lit de repos en érable, la commode en cerisier et le lit à baldaquin datent du milieu du XVIIIe siècle.

À gauche Cette chambre de Burr Tavern,dans l'État de New York, est meublée d'un lit à baldaquin de la Nouvelle-Angleterre des années 1810, tendu de tissu croisé et bordé d'un feston à la française.

Grâce à l'amélioration de leurs outils, les artisans de talent ont pu concevoir et fabriquer des meubles de plus en plus raffinés.

Que ce soit en Europe, aux États-Unis ou en Australie, les maisons rurales du XVIIIe siècle étaient communément meublées de buffets bas en chêne, de vaisseliers en pin et de chaises en hêtre à dossier à barreaux. Le rocking-chair, inventé aux alentours de 1760, constituait un autre élément familier des maisons en bois. Il apparut tout d'abord sous la forme d'une simple chaise à bascule, dont le principe reprenait celui des berceaux à bascule de la même époque. Au début de l'ère victorienne, l'assise et le dossier du rocking-chair s'arrondirent pour former un profil en S, tandis que les pieds étaient réalisés en bois courbé. Cette technique, inventée vers 1880, permettait de donner une forme au bois après l'avoir chauffé à la vapeur.

Pour compléter la description de l'intérieur anglais classique du XVIIIe siècle, il faut encore mentionner les élégantes chaises Windsor en hêtre. Meubles indispensables des pubs pour leur extrême solidité, ces chaises, munies d'accoudoirs — une innovation pour l'époque —, se caractérisaient par une assise légèrement creusée. En outre, les pieds arrière ne suivaient pas l'axe du dossier. Les barreaux, les accoudoirs et le dossier étaient faits de bois courbé. Cette structure originale les distinguait de toutes les autres chaises que l'on fabriquait alors. Une variante de ce modèle connut également un immense succès au XIXe siècle, surtout dans les cuisines. Si elle conservait l'assise légèrement creusée et les pieds tournés de la chaise Windsor, elle avait en revanche un dossier et des accoudoirs bas qui en faisaient le siège idéal des fumeurs de pipe.

Malgré l'évolution des procédés de fabrication, les meubles en bois modernes s'inspirent toujours de traditions ancestrales. La plupart des techniques inventées, puis perfectionnées par les artisans d'autrefois, sont encore utilisées de nos jours par les ébénistes. Les créateurs de mobilier contemporain recourent certes à de nouvelles essences de bois, mais il n'en reste pas moins que leurs chaises, tables ou coffres de rangement s'inspirent presque toujours des formes du passé. L'ingéniosité des premiers colons a survécu au progrès technologique, et le mobilier moderne en bois, fabriqué à la main ou dans de petites usines, exploite les qualités esthétiques de formes inventées il y a plusieurs siècles. Si les tissus d'ameublement modernes sont devenus plus résistants, et si la gamme des teintes et peintures pour bois s'est enrichie et améliorée, la qualité des meubles réside essentiellement dans le grain et le travail du bois. Au fil des siècles, les créateurs les plus inventifs ont toujours su rester fidèles à la forme et à la fonction des meubles, même lorsqu'ils associaient l'ancien et le moderne, mêlant différentes textures et adaptant la décoration aux tendances de la mode.

Ci-dessous Dans cette maison très colorée de l'État de New York, construite vers 1835, le rocking-chair, fabriqué à la fin du XVIIIe siècle dans la région de Boston, a conservé sa couleur d'origine.

En haut La salle à manger de la maison de Silas Deane accueille une table et des chaises en acajou datant des années 1760.

Ci-dessus Dans cette chambre de la maison de Joseph Webb, à Wethersfield, le mobilier est du plus pur style Chippendale de la fin du XVIIIe siècle.

Les accessoires

Les objets en bois possèdent une sensualité et une qualité incomparable au toucher. Un simple petit coffret en noyer sculpté, poli par les ans, contient une parcelle de magie. Tout comme les boîtes à chapeau de style Shaker, sobres et fonctionnelles, les anciennes boîtes à ouvrage, les cadres à photo en écorce brute, les cadres de miroir en bois odorant délicatement sculpté, les œufs peints qu'on préparait autrefois pour Pâques et aujourd'hui très recherchés pour la décoration, ou encore des masques ethniques. Un bâton noueux trouvé au cours d'une promenade, ou encore quelques morceaux de bois flotté, liés avec de la ficelle pour former un pied de lampe original, peuvent très bien servir à personnaliser un intérieur en bois. Si l'artisan s'inspire des qualités intrinsèques du bois, l'objet qu'il crée sera toujours en harmonie avec la décoration de la pièce, sans jamais paraître prétentieux ou déplacé.

Ci-dessous Maison de Long Island, État de New York. Collection de boîtes indiennes, peintes à la main, exposées sur une table en rotin à plateau en verre.

Ci-dessus Chalet près d'Aspen, dans le Colorado. Ces photos, qui évoquent la vie du Far-West, ont été mises sous verre dans des cadres en bois brut. L'un d'eux reprend la forme du tipi indien.

Depuis des siècles, les hommes travaillent le bois pour en faire des ustensiles simples et rustiques : cuillères en bois de toutes tailles, manches à balai, saladiers, planches à découper, rouets et tout autre objet de la vie quotidienne, de même qu'une infinité de jouets qui font aujourd'hui le bonheur des collectionneurs. Contraints de rester enfermés pendant tout l'hiver, les Scandinaves sont passés maîtres dans l'art de façonner des ustensiles aussi décoratifs que fonctionnels, transmettant de génération en génération les techniques et les formes ancestrales. À partir de la Révolution industrielle, nombre d'objets autrefois fabriqués à la main ont été produits en série, souvent dans des matières synthétiques. Néanmoins, en cette fin de siècle, on constate un rejet des produits manufacturés, et un regain d'intérêt pour les objets en bois fabriqués selon les méthodes traditionnelles.

À gauche L'abat-jour de cette applique murale est formé d'une mince lamelle de bois mise en forme après avoir été chauffée à la vapeur. Ce type d'abat-jour est apparu en Suède au XVIIe siècle. La finesse du bois laisse passer la lumière, qui révèle ainsi la beauté de son grain.

Ci-dessous à gauche Ce prototype de lampe en bois de cocotier est signé Donghia Furniture/Textiles. Comme beaucoup d'objets créés par Donghia, la base de cette lampe est une véritable sculpture à elle seule.

Ci-dessous à droite Ce pied de lampe, composé de petites branches liées et entrelacées de brindilles, semble tout droit sorti de la forêt.

Ci-contre et à droite Pour décorer son intérieur, le bricoleur ingénieux peut laisser libre cours à son imagination. Ici, une lampe d'inspiration « Great Camps » est posée sur une table basse taillée directement dans une souche d'arbre. Le pied de la lampe est fait d'une branche non écorcée et l'abat-jour d'écorce de bouleau.

Techniques de décoration

Lorsqu'on rentre dans une pièce peu éclairée, après avoir été aveuglé par le soleil, il faut quelques instants avant de s'adapter à l'obscurité. Mais peu à peu, tout s'éclaire à nouveau. Émergeant de l'ombre, les formes et les couleurs réapparaissent bientôt avec toutes leurs nuances. On éprouve la même sensation lorsqu'on pénètre dans une pièce en bois : il est parfois impossible, d'emblée, d'en distinguer tous les détails. Il faut alors prendre le temps de s'arrêter sur les différents éléments du décor : motifs peints au pochoir sur le plancher, détails sculptés et rehaussés de dorures, ou frises représentant des scènes naïves ou des personnages mythologiques. On ne compte plus les meubles ornés de motifs inspirés des traditions

folkloriques, qui retracent ainsi, de génération en génération, l'histoire des anciens habitants. Quoi de plus délicieux que des bergères dansant sur un mur, des guirlandes de fleurs qui s'enroulent sur la porte d'un placard ou encore des bouquets qui s'épanouissent sur une horloge ancienne ? Certaines boiseries, pour révéler toute la beauté de leur grain, ont simplement besoin d'être traitées de façon naturelle, à la cire, au vernis ou à l'huile. En revanche, d'autres essences se prêtent avec bonheur au traitement en faux bois. Le chapitre qui suit présente les principales techniques traditionnellement utilisées pour décorer le bois, ainsi que les produits indispensables pour le protéger et le mettre en valeur.

Les finitions

Au fil des siècles, les artisans utilisèrent toutes sortes d'enduits et de peintures pour colorer et protéger les surfaces intérieures et extérieures des maisons en bois. Aujourd'hui, nous sommes habitués à trouver des peintures prêtes à l'emploi, à l'huile ou à l'eau, dans une vaste gamme de couleurs. À l'origine, les peintres devaient eux-mêmes préparer leurs peintures en mélangeant les différents composants.

La chaux, la plus ancienne finition traditionnelle, était déjà utilisée quelque 8 000 ans avant notre ère. À la base, le blanc de chaux est un enduit obtenu en écrasant de la chaux éteinte, que l'on dilue ensuite avec de l'eau et que l'on mélange à un agent imperméabilisant, de l'huile de lin ou de la graisse animale. Appliquée en plusieurs couches, elle forme en séchant une pellicule blanche opaque, qui prend un aspect brillant et lumineux au soleil, ou mat et crayeux par temps gris. On peut également lui donner différentes couleurs en y ajoutant des pigments, qui sont traditionnellement minéraux, comme ceux dérivés de l'argile, ou issus de l'industrie minière, tels le cobalt, le cadmium, le carbonate de cuivre et l'oxyde de fer. Avec le temps, la couleur se patine. La chaux étant semi-poreuse, elle laisse respirer le bois et s'évaporer l'humidité qu'il contient, au lieu de former une couche imperméable susceptible de causer des dommages. De plus, la chaux agit comme un agent antibactérien et empêche la prolifération des insectes. En raison de

En haut, à gauche et à droite La rusticité du bardage de planches de la photo de gauche contraste avec l'aspect plus sophistiqué du bardage qui habille l'arrière de la villa Bellevue, dans le Coominya, en Australie, photo de droite. Leur couleur rouge est typique de la région.

Ci-dessus, à gauche et au centre À l'origine, la façade de Burr Tavern, construite en 1835 à East Meredith, dans l'État de New York, était peinte en blanc. Par la suite, elle fut repeinte en ocre-jaune, et les portes et fenêtres en rouge vénitien.

Ci-dessus, à droite La maison de l'architecte Tony Suttle, située près de Brisbane, en Australie, est entièrement recouverte d'un bardage de bois. La façade et l'auvent, surmonté d'un petit toit en tôle ondulée, sont peints dans une teinte bleu clair. La porte-fenêtre qui ouvre sur la véranda, à l'arrière de la maison, est peinte en couleur crème.

À droite La façade habillée de bois de la « Cape Cod » House, construite en 1792 dans le Rhode Island, aux États-Unis, arbore un authentique rouge colonial.

Ci-dessous Cette maison australienne est bardée de planches peintes en bleu foncé, et couverte d'un toit en tôle ondulée.

En bas Pour qu'elles résistent au soleil ardent, l'architecte John Mainwaring utilise des couleurs soutenues pour ses maisons subtropicales qu'il a construites sur la Sunshine Coast, dans le Queensland.

À gauche et ci-contre Le contraste entre ces deux maisons tient à la forme des vérandas et au traitement de la couleur. À gauche, les détails de la maison australienne sont mis en valeur par des couleurs contrastées, tandis qu'ils sont estompés dans cette demeure de Nouvelle-Zélande.

ses qualités physiques et esthétiques, elle a été utilisée jusqu'à la fin du XIXe siècle sur les murs en torchis des maisons à colombages, mais aussi quelquefois sur les boiseries extérieures.

Si le blanc était le plus répandu, les badigeons à base de chaux prenaient généralement la couleur des argiles et des minéraux locaux, qui fournissaient en effet la plupart des pigments. Dans le nord de l'Europe, les tons crème, chamois, moutarde, brun et vert pâle, vieux

À droite Les portes, les volets, le tablier de la cheminée et les chaises de la Simon Huntington Tavern, construite au XVIIIe siècle à Norwich, dans le Connecticut, ont retrouvé leur aspect d'origine. Lors des travaux de restauration, la couleur authentique a été mise à jour sous plusieurs couches de peinture, et lorsque la peinture était endommagée, on l'a retouchée avec une peinture au lait de la couleur d'origine.

Ci-dessous Le hall d'entrée et l'escalier de la maison de Joseph Webb, construite au XVIIIe siècle, à Wethersfield, dans le Connecticut, ont retrouvé leurs couleurs d'origine vert et lilas.

Ci-dessous au centre L'escalier de la maison d'Isaac Stevens, construite entre 1778 et 1779 à Wethersfield, est habillé de cloisons à panneaux et garni d'une rampe à balustres peints en beige, leur couleur d'origine.

rose et rouge dominaient, tandis qu'au sud de l'Europe, on trouvait des couleurs beaucoup plus soutenues, comme le bleu-mauve et le jaune citron. En Scandinavie, où l'on utilisa ces produits sur les boiseries extérieures jusqu'au milieu du XIXe siècle, les couleurs comme l'ocre clair, le jaune pâle, le rouge brique, le bleu pâle et le violet, le rose saumon et le rouille offraient une palette extrêmement variée. Aux États-Unis, à partir de la période coloniale, on vit s'imposer des couleurs profondes et mates, comme le brun-rouge, l'ocre-brun et le jaune orangé.

Ci-dessus à droite Les murs en planches de cette cuisine norvégienne du XVIIIe siècle ont retrouvé leur bleu cobalt traditionnel.

À droite Dans cette maison norvégienne du début du XVIIe siècle, la porte et les murs de l'entrée, habillés de planches chanfreinées, sont peints en rose et vert foncé, les couleurs d'époque.

Ci-contre Ces chambres, aux portes et aux murs peints en blanc, sont situées dans l'extension d'une maison construite dans le New Hampshire au début du siècle. Le blanc donne une note exotique et conserve la fraîcheur à l'intérieur pendant les étés chauds et humides.

À droite Le bleu pâle se marie bien aux éléments en bois teinté et ciré de cette maison anglaise baptisée « The Battery », dans le Kent. Construite pour héberger des marins, elle servit plus tard de centre de vacances pour enfants défavorisés.

Ci-dessous À Burr Tavern, la couleur employée sur les montants de porte était très répandue au début du XIXe siècle. Elle contraste avec le rouge des moulures et le jaune des panneaux.

Jusqu'au milieu du XIXe siècle, la chaux servit également à traiter les murs intérieurs et les boiseries. Cependant, comme elle avait tendance à s'écailler, on la remplaça par un autre mélange à base de poudre de chaux et de colle animale diluées dans de l'eau, mélange que l'on colorait parfois avec des pigments en poudre. En séchant, le badigeon prenait un aspect opaque et se déclinait dans des couleurs qui rappelaient celle de la chaux. Très résistant une fois appliqué sur les murs en plâtre, il ne durait guère sur le bois et s'écaillait encore plus rapidement sur un bois humide. De ce fait, les peintres employaient, dans la mesure du possible, des substances plus résistantes, surtout pour les extérieurs, en particulier pour les planches de bardage.

Ci-dessus, à gauche et à droite À Chase Hill Farm, la maison de Stephen Mack, les murs blanchis à la chaux et les portes recouvertes d'une peinture au lait bleue renforcent le caractère traditionnel.

Pour les clients les plus fortunés, les décorateurs utilisaient des peintures à l'huile composées d'un mélange d'huile de lin bouillie et d'essence de térébenthine, qu'ils coloraient ensuite avec des pigments minéraux ou métallifères réduits en poudre. Pour éclaircir la couleur, il leur suffisait d'ajouter du blanc. Malgré sa résistance, cet ancêtre de la peinture à l'huile moderne était coûteux et long à appliquer, car il nécessitait deux ou trois couches. Plus facile à préparer et à étendre, la peinture à la caséine était presque aussi durable. Également connue sous le nom de peinture au lait, elle s'obtenait en associant à du babeurre ou du lait écrémé des pigments minéraux ou végétaux

Ci-dessous À Burr Tavern, ce chambranle peint en bleu de Prusse encadre une porte traitée en faux bois. Pour réaliser cette imitation, Doug Vickers a utilisé du brun sur un fond ocre-jaune.

À gauche Les boiseries en pin qui habillent le mur au-dessus de la cheminée ont été soigneusement décapées par le restaurateur Stephen Mack, pour faire réapparaître la couleur d'origine. Les endroits où le bois était à nu ont été recouverts d'une peinture au lait.

À droite et ci-dessous Spitalfields, à Londres. Les lambris et les portes à panneaux de cet élégant salon de la fin du XVIIe siècle ont été peints en bleu sombre, puis délicatement dorés. Le propriétaire a utilisé des feuilles d'argent sur les grands panneaux et des feuilles d'or sur les moulures qui les entourent. Les surfaces dorées ont ensuite été patinées à la paille de fer, afin de donner à la pièce une atmosphère de splendeur passée qui se marie parfaitement avec le style des meubles et du tapis.

extraits de plantes et d'argiles disponibles localement. On ajoutait au mélange un peu de chaux qui servait d'insecticide et de fongicide. Appliqué en une ou deux couches à séchage rapide, il donnait un aspect opaque, aux reflets mats et satinés. La peinture au lait fut utilisée en Europe et en Scandinavie à partir du XVIIe siècle pour les revêtements extérieurs et intérieurs, ainsi que pour les meubles, puis en Australie et en Nouvelle-Zélande durant le XIXe et le début du XXe siècle. On l'associe généralement au style colonial américain du XVIIIe siècle et aux maisons qui copièrent ce style à la fin du XIXe et au début du XXe. Dans ces demeures, les murs en bois, les lambris, les fenêtres, les portes et les escaliers étaient presque toujours traités avec ce mélange, avec pour couleurs principales le blanc, le jaune moutarde, le vert foncé, le gris-mauve, le rouge-orange et le noir.

La dorure était une technique de décoration couramment utilisée sur les surfaces en bois, en particulier sur les panneaux et les moulures des lambris. On appliquait sur le bois ou le plâtre une feuille d'or ou de la poudre d'or, que l'on patinait ensuite pour lui donner un effet lustré. Traditionnellement, on passait au préalable une fine sous-couche d'enduit teinté en rouge afin d'obtenir des reflets plus chauds. Depuis le Moyen Âge, les dorures symbolisent la richesse dans de nombreuses grandes demeures, où elles décorent les cannelures des colonnes, les éléments en bois sculptés, ainsi que les moulures en bois et en plâtre, les meubles, les cadres de miroir et nombre d'objets.

Outre la dorure, il existe d'autres techniques pour orner le bois de différentes couleurs ou motifs. Elles étaient autrefois pratiquées par des artistes itinérants qui gagnaient leur vie en passant d'une maison à l'autre pour décorer les intérieurs. Parmi ces techniques, les

Ci-dessous à gauche Le vaisselier de la ferme Sønstebø, à Heddal, en Norvège, a été décoré dans les années 1840 par le peintre Olav Langerud et son fils. Ces couleurs vives, caractéristiques de l'art populaire de Scandinavie, égayent les sombres journées des mois d'hiver. Les tons bleu et ocre-brun sont typiques de cette région.

Ci-dessous, deuxième photo Les montants et les traverses de cette porte sont traités en faux bois, et les panneaux centraux sont peints de chinoiseries de style baroque scandinave. Cette décoration, signée Hallvor Dalane, date de 1864.

Ci-dessous, au centre et à droite Les motifs peints sur les lits de Sønstebø sont inspirés de fleurs cueillies dans la région par le peintre et séchées.

plus populaires sont la peinture au pochoir, la fresque, le faux bois et l'imitation du marbre.

La peinture au pochoir consiste à transférer des motifs sur une surface en se servant de caches découpés dans divers matériaux tels que le bois, l'os, le cuir, le papier, le carton et, aujourd'hui, le plastique. Avant l'apparition du papier peint à la fin du XVIIe siècle, la technique du pochoir était très répandue en Europe pour décorer les murs. À partir du XVIIIe siècle, elle se limita aux régions rurales où le papier peint était introuvable, trop coûteux ou inutilisable en raison de l'humidité des murs. Néanmoins, un grand nombre de maisons urbaines du XIXe siècle furent encore décorées de frises au pochoir représentant des motifs floraux de style classique. Les pochoirs ornaient également les boiseries, les meubles, les planchers et les textiles. Les motifs, alors essentiellement inspirés de la nature, représentaient des animaux, des oiseaux, des fruits, des fleurs et des feuilles. Il existe une parenté manifeste entre les motifs peints en Europe, en Scandinavie et en Amérique du Nord, car beaucoup d'artistes établis en Amérique étaient originaires d'Allemagne, de Hollande, de Suisse, de Suède ou de Norvège. Mais à la fin du XIXe siècle, la commercialisation de pochoirs prêts à l'emploi entraîna une certaine uniformisation, les artistes n'étant plus obligés de dessiner et de découper leurs propres motifs. Du Moyen Âge au début du XXe siècle, dans les campagnes d'Europe, de Scandinavie et d'Amérique du Nord, certains artistes exprimèrent une grande créativité pour décorer l'intérieur des maisons de peintures ou de fresques originales de style populaire. Tout comme les pochoirs, ces œuvres s'inspiraient essentiellement de la nature. Les exemples les plus exubérants se rencontrent dans le sud de l'Allemagne, dans les régions alpines, en Suède et en Norvège. Les plus sophistiqués furent réalisés dans les pays scandinaves, où l'intérieur des maisons en bois était souvent décoré de fresques murales représentant des scènes quotidiennes, historiques ou religieuses. En Norvège, la « peinture de roses », ou *rosemaling* (littéralement la peinture décorative), est une forme d'art populaire qui atteignit son apogée entre 1800 et 1850. Si les roses et les guirlandes de fleurs étaient des motifs représentatifs de ce style, on trouvait également quantité d'autres sujets profanes et religieux, avec des particularités variant d'une vallée à l'autre.

Inventé dans l'Égypte antique, le faux bois est une technique qui permet de donner l'apparence du bois au moyen de différentes teintes et vernis. Dans les régions riches en bois tendres, à pousse rapide et par conséquent bon marché, il n'était guère nécessaire de recourir à cette technique. En revanche, les bois durs, très recherchés pour leurs qualités esthétiques, commencèrent à se faire plus rares dès la fin du XVIIe siècle.

Ci-dessus À Brookgate, une maison à colombage anglaise construite en 1350, puis agrandie en 1500 et 1612, les murs ont été recouverts d'un badigeon dont les poutres conservent quelques traces.

Page de gauche Les lits de cette ferme norvégienne ont été peints en 1922 par Knut Hovden, qui enseigna cet art populaire, le « rosemaling », à l'époque où il connaissait d'ailleurs un renouveau.

À gauche et ci-contre Peints dans la même ferme, ces motifs de rose, également signés Knut Hovden, s'inspirent de modèles traditionnels, mais réinterprétés dans des couleurs plus vives que celles des peintures plus anciennes.

Ci-contre et à droite Le rez-de-chaussée de la ferme Ramberg, transportée au Bygdetunet Museum de Heddal, date du début du XVIIIe siècle. À l'origine, les meubles et les boiseries étaient décorés de motifs traditionnels. Mais au cours de la deuxième moitié du XIXe siècle, ce style de décoration fut délaissé au profit du traitement en faux bois. Les tons chêne clair employés ici étaient très courants aux alentours de 1880.

Une grande variété de peintures, de badigeons et de vernis proposent des finitions décoratives qui transforment l'aspect naturel du bois.

Ci-dessus Dans la ferme Ramberg, surélevée d'un étage en 1780, la chambre d'invités a été décorée par Olav Hansson, en 1784, de scènes bibliques, d'inscriptions et de motifs de rose.

À droite La ferme Fyrileiv-Stugo à Oslo, en Norvège, fut construite en 1930. Les décorations traditionnelles, qui ornent les portes et les corniches de cette pièce, s'inscrivent dans un style baroque plus strict que celui de Ramberg.

Ci-dessus Peinte dans les tons traditionnels bleu, jaune et ocre, cette scène biblique décore la chambre à coucher de la ferme Ramberg. Elle comprend également l'inscription suivante : « La maison est protégée contre le feu et les voleurs ».

Pour les remplacer, on pouvait soit procéder par placage, soit utiliser la technique du faux bois, afin de donner au bois tendre une apparence de bois dur, comme le chêne, le noyer, l'acajou, le châtaignier, le bois de rose, l'érable ou le bois de citronnier. Selon la façon dont elle est réalisée, la technique du faux bois peut aussi bien donner de belles imitations extrêmement fidèles à leur modèle, ou alors présenter une stylisation grossière des veines du bois. Cette dernière se rencontre souvent dans les intérieurs de maisons rurales, tandis que les imitations plus raffinées décorent généralement les grandes demeures urbaines.

Les anciens Grecs et Romains ont été les premiers à pratiquer l'imitation du marbre et d'autres pierres au moyen de peintures et de vernis. Tout comme le faux bois, le faux marbre se rencontre plutôt dans les régions qui ne disposent pas de ressources suffisantes en pierres. Les panneaux, colonnes, sols, cheminées, moulures et meubles en faux marbre sont très courants dans les riches demeures, surtout lorsqu'elles sont décorées dans un style d'inspiration classique. Mais on en trouve aussi de nombreux exemples, plus naïfs, dans des maisons modestes, en particulier en Suède et en Norvège. Ce faux marbre « rustique » se caractérise par des motifs fantaisistes et des couleurs souvent un peu criardes qui n'offrent que peu de ressemblance avec les veines translucides et la couleur profonde des imitations de qualité supérieure.

Le bois naturel

Une multitude de produits tels que les teintes, les vernis, les huiles et les cires permettent de modifier la couleur et de rehausser l'aspect naturel du bois. Les traitements chimiques, en réagissant avec l'acide tannique présent dans le bois, transforment légèrement sa couleur. Ainsi, l'ammoniaque donne à l'acajou un aspect brun foncé à reflets gris. Les teintes à l'eau, composées de colorants dissous dans de l'eau, permettent d'obtenir des tons vifs particulièrement adaptés aux bois tendres à grain fin. Dans les teintes à l'alcool, les colorants, dissous dans de l'alcool avec de la gomme laque, créent des teintes sombres plutôt adaptées aux bois durs gras. Les teintes à l'essence, composées de white-spirit, de bitume et de colorants à l'essence, provoquent une plus forte coloration et sont utilisées pour les bois durs de qualité.

Si les vernis traditionnels à l'alcool n'ont pas encore totalement disparu, les vernis au polyuréthanne, mats, satinés ou brillants, sont désormais les plus répandus, tant pour les boiseries intérieures qu'extérieures. Appliqués sur des bois teintés ou non, ils forment une couche protectrice. Sur les bois durs à pores ouverts, comme le chêne et le teck, on utilise de préférence de l'huile de lin pure ou bouillie, qui fonce le bois et produit un léger brillant. Quant aux meubles en bois dur à grain fin, comme le noyer et l'acajou, ils sont plutôt cirés. Les produits tels que la cire d'abeille, la cire de carnauba et l'alcool à vernir peuvent aussi être teintés avec des pigments. Leur application au tampon est difficile, mais permet d'obtenir un lustre incomparable.

Pour blanchir le bois et ainsi mettre en valeur ses veines, on peut recourir à la cire à céruser blanche, qui forme également une couche protectrice. Pour les sols et les revêtements muraux, on utilise généralement une cire plus épaisse et plus résistante que celle habituellement employée sur les meubles. Sur les bois à veines très marquées, la cire à céruser met en relief les veines et les nœuds. Sur les bois à grain plus fin, on obtient en revanche un effet plus régulier et opaque.

À droite Porte en pin, escalier et sol cérusé d'une maison en bois massif construite dans les années quatre-vingt, au cœur de la plus vaste forêt de pins de l'État de New York.

Ci-dessous Dans cette chambre dotée d'une petite salle de bains, l'habillage en bois des murs et de la porte a été passé au blanc de céruse, puis protégé par un vernis très clair. Cette pièce se trouve dans une ferme du XVIIIe siècle, construite à l'origine dans la région du Grand-Bornand, puis remontée à Megève par sa propriétaire actuelle, la décoratrice Michèle Rédélé.

En bas à gauche et à droite L'hôtel Mont-Blanc de Megève a été rénové en 1949 par Georges Boisson. Les murs de ces confortables chambres à coucher ont néanmoins conservé leurs boiseries en pin du XIXe siècle, ainsi que leurs portes à glissières. Le traitement naturel du bois met en valeur le grain et contribue à donner à la pièce une atmosphère chaleureuse.

En haut Ces boiseries du XVIIe siècle, en bois dur teinté et ciré, ont été posées par le restaurateur de ce manoir anglais en bois du XVIe siècle.

Ci-dessus Cette grille en teck, destinée à masquer une bouche de chauffage et de climatisation, a été traitée en harmonie avec le plancher en pin ancien qui habille le sol de cette ancienne grange, restaurée par Stephen Mack.

Le bois sculpté et tourné

Obtenus à partir de techniques spécifiques, les éléments sculptés et tournés sont très présents dans les maisons en bois du monde entier. Ce travail exigeant un vrai savoir-faire, les sculptures reflètent également le statut social du propriétaire. Les portes, les poutres, les boiseries ou les escaliers, tant à l'intérieur qu'à l'extérieur, peuvent arborer quantité de motifs géométriques, d'arabesques, de symboles héraldiques, de motifs classiques ou d'animaux stylisés et de feuillages.

Ci-dessous à gauche La balustrade ajourée est ornée de cœurs, de fleurs et de motifs géométriques ; les éléments qui l'entourent sont sculptés et rehaussés de peintures. On remarque ainsi le soin apporté à la décoration extérieure de ce chalet d'inspiration suisse, construit en 1950 à Sun Valley, dans l'Idaho.

Ci-dessous à droite La décoration de ce chalet se compose d'une peinture représentant des edelweiss, motif alpin par excellence que l'on retrouve dans de nombreuses maisons traditionnelles suisses.

En bas à droite Dragon House est une maison à colombage construite au Moyen Âge à Smarden, dans le Kent. La frise sculptée en forme de dragons a été ajoutée au XVIIe siècle.

En haut Le « salon vert » d'Athelhampton House, une célèbre demeure construite au XVe siècle dans le Dorset, en Angleterre, fut aménagé vers 1880 par Alfred Cart de Lafontaine. La pièce tient son nom des panneaux de soie verte qui habillent les murs, séparés par des pilastres corinthiens en chêne. Sur les volets, les panneaux serviettés de style Tudor sont tout aussi remarquables. La maison est entièrement habillée de boiseries en chêne délicatement sculptées.

Ci-dessus à gauche Cet escalier à l'anglaise, garni de balustres tournés en acajou, orne la maison de Silas Deane, construite en 1766 dans le Connecticut.

Ci-dessus à droite Cet escalier à l'anglaise, à pilastre carré et rampe à balustres tournés, se trouve dans une maison construite au XVIIIe siècle à Stonington, dans le Connecticut, restaurée par Stephen Mack.

Répertoire

ORGANISMES

Liste des organismes professionnels à contacter pour d'éventuels conseils techniques.

AFIEB
Association Française des Ingénieurs et Experts en Bois
6, rue Saint-Didier
75116 Paris
Tél. : 01 44 05 03 22

AFCOBOIS
Association des Entreprises Françaises de Construction en Bois
10, rue du Débarcadère
75852 Paris cedex 17

Association française pour la préservation du bois
6, av. de Saint-Mandé
75012 Paris
Tél. : 01 40 02 04 44

CAPEB
Confédération de l'Artisanat et des Petites Entreprises du Bâtiment
46, av. d'Ivry - BP 363
Paris cedex 13
Tél. : 01 44 24 59 59

CNDB
Comité National pour le Développement du Bois
6, av. de Saint-Mandé
75012 Paris
Tél. : 01 53 17 19 60

CNIB
Confédération Nationale des Industries du Bois
36, av. Hoche
75008 Paris
[comprend la **FIBB** - Fédération Nationale des Industries du Bois pour le Bâtiment]

Conseil des Bois de Suède et de Finlande
77, av. de Villiers
75017 Paris
Tél. : 01 43 80 12 33

CTBA
Centre Technique du Bois et de l'Ameublement
10, av. de Saint-Mandé
75012 Paris
Tél. : 01 40 19 49 19

Fédération Française des Importateurs de Bois du Nord
6, av. de Saint-Mandé
75012 Paris
Tél. : 01 44 75 58 58

Fédération Française des Bois Tropicaux et Américains
6, av. de Saint-Mandé
75012 Paris
Tél. : 01 44 75 58 58

Fédération Nationale du Bois
1, place André-Malraux
75001 Paris
Tél. : 01 42 60 58 94

ARCHITECTES, DÉCORATEURS ET CONSTRUCTEURS

Carnachan Architects Ltd (architectes, décorateurs et paysagistes)
27, Bath Street
Parnell
PO Box 37-717
Auckland
NOUVELLE-ZÉLANDE

Dave Fritchley (spécialisé dans la décoration rustique)
Eggshole Cottage
Starvecrow Lane
Peasmarsh
East Sussex TN3 16XN
ANGLETERRE

Christian Liaigre (mobilier et décoration intérieure)
122, rue de Grenelle
75007 Paris
Tél. : 01 45 56 16 42

Stephen P. Mack Associates (architecte spécialisé dans la restauration de maisons et de fermes du XVIIIe siècle)
Chase Hill Farm
Ashaway
Rhode Island
RI 02804
ÉTATS-UNIS

John Mainwaring & Associés Pty Ltd (architectes et urbanistes)
PO Box 958
Noosa Heads
Queensland 4567
AUSTRALIE

Michèle Rédélé (décoration intérieure)
90, bd. Malesherbes
75008 Paris

Ruscitto, Latham, Blanton (architectes)
PO Box 419
Sun Valley
Idaho
ID 83353
ÉTATS-UNIS

Olivier Vidal et associés (architectes)
14, rue Moncey
75009 Paris

Hervé Cornou Palissad Architectures
28, rue Pascal
75005 Paris
Tél. : 01 43 36 81 00
Fax : 01 43 36 43 23

MATÉRIAUX ET ARTISANS

Artirec
Parquets en teck, en dalles, en lattes ou cérusés.
4, bd. de la Bastille
75012 Paris
Tél. : 01 43 40 49 49

Atelier Daniel Dorat
Les menuisiers et ébénistes de cet atelier adaptent, restaurent, patinent et reproduisent toute boiserie ancienne.
6, rue Pierre-Curie
93120 La Courneuve
Tél. : 01 48 33 80 18
(sur rendez-vous)

Atelier Élisabeth Jaeger
Création de meubles Shaker sur mesure, ébénisterie et restauration.
Benauge
46250 Marminiac
Tél. : 05 65 22 85 87

Atelier Guigue
Cet atelier est spécialisé dans les meubles peints.
37, bd. Beaumarchais
75003 Paris
Tél. : 01 48 04 04 95

Ballauff
Stores en bois tissé.
21, place des Vosges
75003 Paris
Tél. : 01 44 54 53 63

Barjonet
Tout ce qui peut être en bois est entreposé ici : madriers, chevrons, parquets, moulures, agglomérés, lattes, panneaux de contreplaqué.
18, av. de Saint-Ouen
75018 Paris
Tél. : 01 43 87 18 85

Bémart
Parquets proposés dans une multitude de bois différents, du plus rustique au plus raffiné, et restauration de sols d'origine.
156, rue des Pyrénées
75020 Paris
Tél. : 01 46 36 32 08

Bois Français
159, quai Jules-Guesde
94400 Vitry
Tél. : 01 46 72 14 06

Centre de l'encadrement et du bois décoratif
Accessoires pour l'encadrement, moulures, claustras, escaliers en bois.
76, bd. Richard-Lenoir
75011 Paris
Tél. : 01 43 57 47 25

Dubourguet SA
1, rue des Chemins-de-Fer
93000 Bobigny
Tél. : 01 48 32 80 80

Dumoulin Bois
313, av. du Général de Gaulle
94500 Champigny-sur-Marne
Tél. : 01 47 06 14 72

Gérard Brucato
Tourneur sur bois.
179, rue du Faubourg-Saint-Antoine
75011 Paris
Tél. : 01 46 28 64 49

La Maison du parquet
131, rue de Montreuil
75011 Paris
Tél. : 01 43 73 59 68

Les Frères Nordin
Toute une gamme de produits pour entretenir, cirer, nettoyer et teindre les meubles, avec également un atelier de restauration.
215, rue du Faubourg-Saint-Antoine
75011 Paris
Tél. : 01 43 72 38 35

Menuiseries Lapeyre
Menuiseries d'intérieur et d'extérieur, avec des centaines de modèles prêts à poser. À noter aussi un rayon de bois au détail : panneaux, moulures, chevrons, poteaux, parquets, lambris, etc.
75, bd. Félix-Faure
93300 Aubervilliers
Tél. : 01 48 34 91 36

Origines
Établissement spécialisé dans les éléments d'architecture et les matériaux anciens.
14, porte d'Épernon
78550 Houdan
Tél. : 01 30 88 15 15

Parqueterie Rocs
Parquets et lambris en châtaignier, en chêne ou en couleur.
26, rue Paul-Vaillant-Couturier
92000 Nanterre
Tél. : 01 47 29 01 20

Parquets Briatte
Z. A Villemer, RN 17, BP 20
95508 Le Thillay-Gonesse Cedex
Tél. : 01 39 88 59 91

PSMB
Produits à l'ancienne pour bois, pinceaux et brosses.
10, rue St-Bernard
75011 Paris
Tél. : 01 43 71 82 85

Rougier et Plé
13-15, bd. des Filles-du-Calvaire
75003 Paris
Tél. : 01 42 72 82 91

Selected
Stores vénitiens et « shutters » en bois (volets en bois d'intérieur à lamelles orientables).
12, rue du Colonel-Driant
75001 Paris
Tél. : 01 49 26 07 00

Société Rocacher et Rossfelder
Entreprise générale de parquets traditionnels, collés ou flottants. Finition, vitrification et traitement des bois et des charpentes contre les parasites.
3 et 5, av. des Deux-Communes
94500 Champigny-sur-Marne
Tél. : 01 42 83 33 33

Vernis Jacquelin
Tous les produits de finition et d'entretien du bois.
5, rue du Marais
93100 Montreuil
Tél. : 01 48 70 12 62

MOBILIER ET ACCESSOIRES

Antiquités Navarro
2142 Route Nationale
Tél. : 04 50 58 98 38

Au bon usage
Le bois est l'élément essentiel de cette boutique : petits meubles, mini-étagères, sculptures et objets d'art populaire.
21, rue Saint-Paul
75004 Paris
Tél. : 01 42 78 80 14

Autour du Monde-Home
Style américain et meubles shakers.
8, rue des Francs-Bourgeois
75003 Paris
Tél. : 01 42 77 06 08

Christian Feuillet
Meubles patinés à l'ancienne.
av. Jean-Charmasson
84800 L'Isle-sur-la-Sorgue
Tél. : 04 90 38 45 34

Christian Liaigre
Une ligne de meubles d'une incomparable douceur : chevet en sycomore, bibliothèque en ébène et méridienne en tilleul.
61, rue de Varenne
75007 Paris
Tél. : 01 47 53 78 76

Le Comptoir de Megève
112, rue St-François-de-Sales
Tél. : 04 50 58 72 94

Le Loft
Meubles en bois blond.
17 bis, rue Pavée
75004 Paris
Tél. : 01 48 87 46 50

Les Trois Marmottes
Tout le mobilier et les objets pour recréer un intérieur de chalet savoyard.
Rue de l'Église
73150 Val-d'Isère
Tél. : 04 79 06 20 23

Maison Strosser
Spécialisée dans les meubles régionaux anciens.
85, rue Ledru-Rollin
75012 Paris
Tél. : 01 43 43 28 76

Maison de famille
31, rue Saint-Sulpice
75006 Paris
Tél. : 01 40 46 97 47

Matantiq'
Meubles et objets du passé, ainsi qu'un étonnant choix de cires et d'enduits pour teinter et patiner le mobilier.
16, rue Grande
77630 Barbizon
Tél. : 01 60 69 22 20

Michel Morin
Lits rustiques, berceaux sculptés et simples tables de nuit de campagne.
Marché Paul-Bert
Allée 1, stand 20
Puces de Saint-Ouen
93400 Saint-Ouen
Tél. : 01 40 11 19 10

Un Dimanche dans nos campagnes
59, rue Bonaparte
75006 Paris
Tél. : 01 40 46 89 52

MUSÉES, MAISONS EN BOIS ET HÔTELS

Athelhampton House
Athelhampton
Dorchester
Dorset DT2 7LG
ANGLETERRE

Glomdalsmuseet
Musée d'Østerdalen et Solor
2400 Elverum
NORVÈGE

The Hempstead House
11, Hempstead Street
New London
Connecticut
CT 06320
ÉTATS-UNIS

Musée historique de Telemark
Ovregt 41
3715 Skien
NORVÈGE

Musée de la Vie galloise
St Fagan's
Cardiff CF5 6XB
Pays de Galles
ANGLETERRE

Musée des traditions populaires de Norvège
Museumsvn 10 Bygdøy
Oslo
NORVÈGE

Hôtel Mont-Blanc
L'établissement cultive toujours les charmes du chalet à l'ancienne où le bois est omniprésent.
Place de l'Église
74120 Megève
Tél. : 04 50 21 20 02

Hôtel Les Fermes de Marie
163, chemin de Riante Colline
74120 Megève
Tél. : 04 50 93 03 10

Les Fermes des Grands Champs
Les Choseaux
74120 Megève
Tél. : 04 50 21 28 60

Le Lodge Park
100, rue Arly
74120 Megève
Tél. : 04 50 93 05 03

Glossaire

A

Acanthe (feuille d') : plante d'Europe méridionale dont la feuille caractéristique, large, longue et très découpée, entre dès l'Antiquité dans la composition de nombreux motifs de décoration, tant dans le domaine de l'architecture que des arts décoratifs, notamment le mobilier. De nouveau en faveur pendant la Renaissance, le motif « en feuille d'acanthe » est utilisé sous des formes diverses, tant au XVIIe qu'au XVIIIe siècle, à travers les styles classique et baroque.

Adam, Robert (1728-1792) et James (1732-1794) : architectes et décorateurs anglais, créateurs d'un style ornemental très en vogue à la fin du XVIIIe siècle, inspiré de motifs antiques et renaissants. Ce style, qui se diffusa rapidement en Angleterre et en Russie, exerça ensuite en France une profonde influence sur le style Directoire.

Arabesque : à l'origine, il s'agissait d'un ornement peint ou sculpté imitant l'écriture arabe, ne présentant aucune forme rappelant la nature. Puis le mot « arabesque » désigna des compositions décoratives pouvant prendre plusieurs aspects : rinceaux formés de lignes d'enroulement de feuillages disposées symétriquement, ou rinceaux formés de feuillages auxquels s'ajoutent des figures réelles ou fantaisistes. Quand des personnages humains sont représentés, on les appelle des grotesques (*voir* ce mot). Les arabesques furent employées notamment pendant la Renaissance, puis aux XVIIe, XVIIIe et XIXe siècles, prenant des formes diverses selon les styles.

Architrave : partie inférieure de l'entablement qui porte directement sur le chapiteau des colonnes.

Art nouveau : nom généralement donné au mouvement de rénovation des arts décoratifs et de l'architecture, qui apparut à la fin du XIXe siècle, commun à l'ensemble de l'Europe de l'Ouest et aux États-Unis. Il est également appelé *modern style* en France et en Belgique, *jugendstil* en Allemagne, *liberty* en Angleterre et *Tiffany style* aux États-Unis. L'Art nouveau rejette les références classiques héritées de la Renaissance, privilégiant l'observation de la nature, suivant les voies de l'art néogothique et du japonisme, auxquels il emprunte des motifs, des couleurs et le goût des lignes courbes et sinueuses. L'exposition de 1900 marquera à la fois le triomphe et le début du déclin de l'Art nouveau.

Arts & Crafts : ce mouvement, fondé par l'Anglais William Morris (1834-1896) pendant les années 1860, eut une influence déterminante sur le mobilier et la décoration intérieure en Angleterre et aux États-Unis jusqu'au milieu des années vingt. Ennemi du goût victorien surchargé et de la production industrielle, il prône un retour aux techniques traditionnelles et défend les valeurs de l'artisanat. Ce mouvement exerça une profonde influence sur le développement de l'Art nouveau et, malgré ses tendances archaïsantes, il est à l'origine d'un vaste mouvement qui aboutit au renouvellement de l'esthétique de l'objet usuel.

B

Ballon (charpente, appelée aussi « balloon frame ») : système d'ossature en bois dans lequel il n'y a plus de hiérarchie entre éléments principaux et secondaires. Il consiste en de minces montants de bois débités industriellement, que l'utilisateur peut assembler au moyen de simples clous. Dans les années 1830, aux États-Unis, cette méthode se substitua à la technique plus complexe de l'assemblage par tenons et mortaises. À l'extérieur, l'ossature était recouverte de planches ou de bardeaux, tandis qu'à l'intérieur, on utilisait du bois ou du plâtre.

Balustrade : rangée de balustres portant une tablette d'appui (balustrade d'un balcon, d'un escalier, d'une véranda).

Balustre : courte colonnette renflée, chantournée ou sculptée, supportant un appui.

Bardage : protection en planches de bois destinée à isoler une maison.

Baroque (style) : le style baroque englobe la période qui s'étend de la fin de la Renaissance au néoclassicisme (vers 1770). Le mot a pour origine le terme portugais *barroco*, s'appliquant à des perles irrégulières. Il se caractérise par la liberté des formes, la profusion des ornements et un recours systématique à la courbe et à l'asymétrie. L'architecture baroque a une préférence pour le colossal, les surfaces et les lignes courbes, pour les décrochements, les clairs-obscurs, la polychromie (marbres, bronzes, dorures, stucs coloriés), les trompe-l'œil et les effets de perspective.

Beaux-Arts (style) : mouvement anglo-saxon de la fin du XIXe siècle, inspiré par les enseignements de l'École des Beaux-Arts de Paris, qui prônait un retour aux principes d'architecture de la Rome antique. De nombreux étudiants américains, venus suivre des cours aux Beaux-Arts à Paris, furent influencés par ce néoclassicisme.

Boiseries : éléments de menuiserie d'une maison (panneaux muraux, etc), à l'exception des parquets.

Bow-window : fenêtre en encorbellement faisant saillie sur un mur de façade. Voir « oriel ».

C

Calfeutrage : action de boucher les interstices entre les rondins d'un mur en bois massif. Traditionnellement, le calfeutrage s'effectuait à base d'un mélange d'argile et de foin coupé. Au XIXe siècle, on utilisa plus volontiers des joints à base de ciment. Aujourd'hui, on emploie de plus en plus des joints à base de latex, plus souples et permettant une meilleure isolation.

Cannelure : sillon vertical creusé ou sculpté sur la surface d'une colonne ou d'un pilastre.

Chanfrein : surface plate obtenue en rabotant l'arête d'une pièce de bois, généralement selon un angle de 45°.

Chapiteau : partie élargie située entre le fût d'une colonne et la charge. Par extension, un chapiteau désigne tout ornement d'architecture qui forme un couronnement (ex : chapiteau à balustres).

Chevron : pièce de bois de section carrée sur laquelle on fixe des lattes qui soutiennent la toiture.

Chien-assis : lucarne en charpente, en saillie sur la couverture d'une maison, servant à éclairer et à aérer le comble.

Classicisme : mouvement qui prône un retour aux principes d'architecture de l'antiquité grecque et romaine. Depuis la Renaissance italienne, aux XVe et XVIe siècles, ces principes ont été régulièrement réinterprétés par différents mouvements, au fur et à mesure que se multipliaient les traités et livres illustrés sur les monuments et les ruines de l'Empire romain. En architecture, les principes du classicisme ont été puisés dans les vestiges romains et dans le traité de Vitruve par les grands maîtres italiens du XVIe. Plus tard, au XVIIIe siècle, la découverte des

Structure à ossature en bois

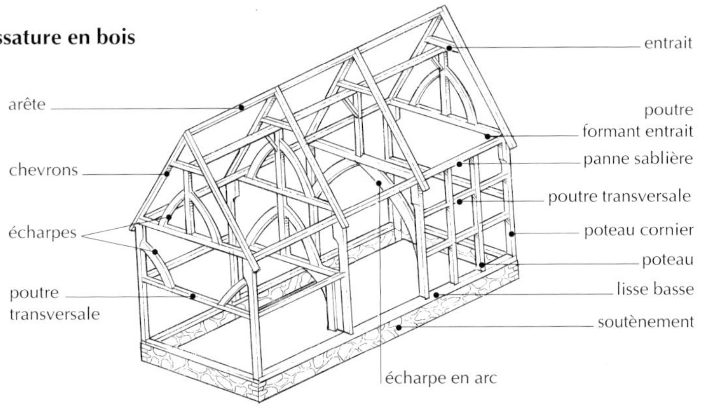

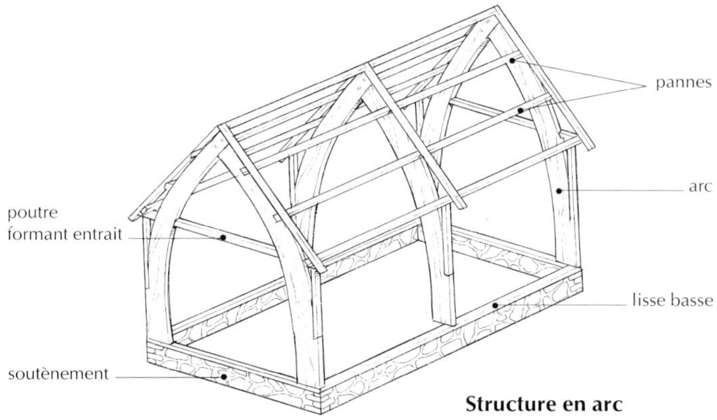

Structure en arc

ruines de Pompéi et d'Herculanum enrichit la connaissance de l'architecture grecque et romaine.
Colombage (maison à) : ossature en bois faite de poteaux verticaux et de poutres horizontales, dans laquelle les espaces entre les poutres sont remplis d'un matériau appelé hourdis, à base de torchis, de plâtre, et parfois même de brique.
Colonial (style) : style architectural né dans les colonies d'Amérique du Nord aux XVIIe et XVIIIe siècles. Au XVIIe, ce style était teinté d'influences médiévales, tandis qu'au XVIIIe, le classicisme l'emporta.
Corbeau : pièce de bois ou de pierre en saillie, souvent sculptée, destinée à supporter un élément de construction horizontal.
Corinthien : du nom de la ville grecque de Corinthe. Ordre d'architecture grecque, caractérisé par un chapiteau orné de deux rangs de feuilles d'acanthe (*voir* ce mot), entre lesquels s'élèvent des volutes. La colonne corinthienne possède un fût cannelé.
Corniche : partie saillante qui couronne un édifice, destinée à protéger de la pluie les parties sous-jacentes. Par extension, la corniche désigne un ornement en saillie sur un mur, un meuble ou autour d'un plafond. Dans l'architecture classique, la corniche, la frise et l'architrave constituent l'entablement.
Craftsman (mouvement) : mouvement d'architecture et de design américain du début du XXe siècle, issu du mouvement Arts & Crafts. Lancé par Gustav Stickley (1847-1942) dans sa revue « The Craftsman » (l'artisan), il prônait une conception de la maison comme un lieu de vie harmonieux qui influe sur notre psychisme. Cette tendance s'illustre dans les maisons californiennes des frères Henry et Charles Greene, qui associent beauté des matériaux et prouesses d'ébénisterie.

D

« Dame peinte » (« painted lady ») : aux États-Unis, ce mot désigne les maisons victoriennes du XIXe siècle, dont la façade est peinte d'au moins trois couleurs contrastées.
Dorique : le premier et le plus simple des trois ordres d'architecture grecque, caractérisé par des colonnes cannelées sans base et un chapiteau sans ornement.
Dragon (style) : également connu sous le nom de style Viking, ce mouvement architectural était très en vogue dans les pays scandinaves au XIXe siècle. Alliant murs en rondins et à ossature en bois, il exprime la fierté de ces peuples pour leurs ancêtres Viking. Il se caractérise par des motifs ornementaux à base de têtes de dragon et d'autres monstres marins.

E

Eastlake, Charles Locke (1833-1906) : cet architecte et décorateur américain, auteur de plusieurs ouvrages sur les tendances de la décoration intérieure, se situe entre le néogothique et le mouvement Arts & Crafts. Le style qui porte son nom se définit par un rejet des extravagances du rococo, un goût pour la Renaissance, ainsi que pour le gothique allemand. Les motifs récurrents sont les balustres chantournés, les pilastres et les moulures cannelés, ornés de motifs géométriques.
Empire (style) : ce style, né en France à la fin du XVIIIe siècle, constitue l'apogée du néoclassicisme. Inspirés des campagnes militaires de Napoléon, ses éléments décoratifs empruntent à l'antiquité grecque, romaine et égyptienne, et s'enrichissent de motifs gothiques, renaissants, voire turcs et chinois. Il privilégie la ligne droite, la composition géométrique, la symétrie, ainsi que les couleurs soutenues : pourpre, bleu nuit, jaune d'or ou vert de bronze. Le style Empire fut introduit aux États-Unis entre 1810 et 1830.
Escalier « à l'anglaise » : type d'escalier où la balustrade est fixée à même les marches, qui sont posées sur la crémaillère.
Escalier « à la française » : type d'escalier où les marches et contremarches s'emboîtent dans une pièce de bois, le limon, auquel est fixée la balustrade.
Escalier à palier : escalier composé de deux volées de marches séparées par un palier.
Esthétisant (mouvement) : mouvement de décoration intérieure né en Angleterre à la fin du XIXe siècle, puis repris aux États-Unis, en réaction à l'encombrement et à la surcharge des intérieurs victoriens. Précurseur du mouvement Art nouveau et contemporain du style Arts & Crafts, il était très ouvert aux influences japonaises.
Étrusque (style) : appliqué plus précisément à la décoration intérieure (mobilier ou céramiques), ce style s'inspire de la civilisation d'Étrurie, une région de l'Italie ancienne située entre l'Arno et le Tibre (Toscane et une partie de l'Ombrie), entre le VIIe et le IIe siècle av. J.-C. Ce style est caractérisé par l'usage du rouge, du noir et du blanc, et de motifs de lions, d'oiseaux, de sphinx, de harpies et de griffons.

F

Fédéral (style) : ce style domina l'architecture et la décoration intérieure en Amérique entre 1776 (date de la déclaration d'Indépendance) et les années 1830. Influencé par les travaux des frères Adam (*voir* ce nom) en Angleterre, le style fédéral se caractérise à l'extérieur par des fenêtres en arc et de fines colonnes, tandis que les intérieurs sont décorés de riches guirlandes, de rosettes, de feuillages grimpants, et surtout de l'aigle américain, symbole de l'Union fédérale.
Fenêtre vénitienne : fenêtre cintrée flanquée de part et d'autre d'une ouverture plus étroite de forme rectangulaire.
Ferme : assemblage de pièces de bois destinées à porter le faîtage, les pannes et les chevrons d'un comble.
Feuillus (arbres) : les feuillus sont des arbres à larges feuilles. La plupart d'entre eux possèdent un bois très dense et stable, dans une gamme de couleurs et d'aspects beaucoup plus grande que celle des résineux (*voir* ce mot). Le chêne, le châtaignier, l'acajou et le noyer sont des feuillus.
Frise : bordure ornementale en forme de bandeau continu (d'un mur, d'une cheminée, d'un meuble...). La frise est aussi la partie de l'entablement entre l'architrave et la corniche.
Fuseau : tige en bois tourné, renflée au milieu, effilée aux deux extrémités, utilisée entre autres pour les barreaux de dossier de chaise.

G

Géorgien (style) : dans les pays anglo-saxons, le terme « géorgien » fait référence à une période couvrant les règnes des rois anglais George Ier (1714-1727), George II (1727-1760) et George III (1760-1820). Les styles correspondant à cette longue période (presque un siècle) furent assez variés. Au début, l'influence palladienne de l'architecte Inigo Jones domina, pour laisser la place, entre 1730 et 1750, à des éléments rococo, néogothiques et dans le goût chinois. Enfin, plus tard, le style néoclassique s'imposa à travers les réalisations des frères Adam en Angleterre, et par le biais du style fédéral en Amérique. On y retrouve des éléments néogothiques, d'inspiration égyptienne ou grecque, ou encore chinoise.
Gesso : poudre de gypse utilisée pour enduire le bois avant d'y appliquer de la peinture ou de la dorure.
Gothique (style) : style répandu en Europe du XIIe au XVe siècle, entre le style roman et le style Renaissance. Aussi bien dans leur structure que dans leur décor, les bâtiments de cette époque évoquent des cathédrales, avec leurs fenêtres

Profils d'assemblages d'angle

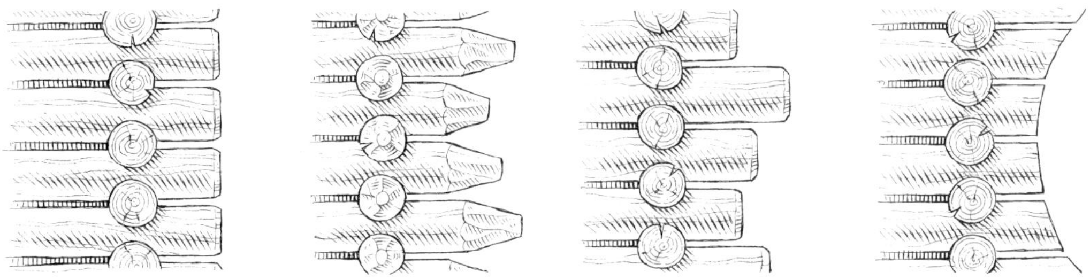

en ogive, leurs voûtes en croisées d'ogives, leurs galeries en arcades, leurs fenêtres à découpures et leurs décorations inspirées de la nature sur les clés de voûte, les tympans, les niches et les porches.
Grotesques : personnages fantastiques à figures grimaçantes ou comiques, parfois moitié homme, moitié animal, utilisés en décoration à partir de la Renaissance. Ils connurent un grand succès à la fin du XVIIe siècle et au début du XVIIIe.
Guillotine (fenêtre à) : fenêtre dont le châssis glisse verticalement entre deux rainures, et qui reste ouverte grâce à un contrepoids. Ces fenêtres sont très courantes dans les pays anglo-saxons.
Guirlande : motif décoratif très prisé pendant la Renaissance, formé de feuillages, de fleurs et/ou de fruits tressés ou reliés par des rubans.

H

Historicisme : en architecture, cette démarche prône un retour au passé pour retrouver un équilibre jugé perdu. Le renouveau, « revival » en anglais, se morcelle en divers « néo », en multiples facettes qui témoignent d'une volonté de retour aux sources : néoromain, néogrec, néo-étrusque ou néo-égyptien sont en fait autant de variantes stylistiques de la même tradition archaïsante, « historiciste ». Pour plus de commodité, on a tendance à regrouper l'ensemble de ces « revivalismes » sous une même étiquette, « l'éclectisme », même si cette dernière tendance, loin de privilégier un style, tend plutôt à juxtaposer des éléments de style divers, à opérer de nouvelles synthèses.
Hourdis : maçonnerie légère qui garnit un colombage, une ossature à pans de bois.

I

Ionique : l'ordre ionique est l'un des trois ordres grecs, caractérisé par un chapiteau orné de deux volutes latérales.
Italianisant (style) : ce style architectural, qui vit le jour au milieu du XIXe siècle en Angleterre et aux États-Unis, s'inspire à la fois de l'architecture rurale du nord de l'Italie et des palais de la Renaissance italienne. Il se caractérise par des toits très bas et en saillie, ornés de consoles décoratives, des tours, des fenêtres arrondies surmontées de linteaux, des porches à arcades et des balcons à balustres.

J

Jacobéen (style) : dans les pays anglo-saxons, le terme « jacobéen » fait référence à une période couvrant les règnes de Jacques Ier et de Charles Ier (1603-1649). Au début de la période, l'architecture reste encore proche du style Tudor, avec pignons à arêtes brisées et cheminées chantournées. Elle intégra ensuite des motifs plus classiques et symétriques, inspirés de la Renaissance. Le style jacobéen se caractérise par des motifs de guirlandes de rubans entrelacés, des obélisques, des balustrades, des niches et des panneaux aux moulures très complexes. Le mobilier et les boiseries en chêne étaient richement sculptés, avec une profusion d'emblèmes militaires et d'héraldique.
Jalousie : volet mobile composé de lames verticales, le plus souvent orientables.

L

Lambris d'appui : revêtement mural formé de cadres et de panneaux en bois s'étendant de la plinthe à environ un tiers du mur. Cette hauteur correspond plus ou moins à celle d'une chaise. À l'origine, les lambris d'appui servaient à protéger les murs des frottements du mobilier.

M

Mission (style) : apparu à la fin du XIXe siècle aux États-Unis, ce style privilégie l'aspect fonctionnel, la décoration se limitant à la mise en valeur des éléments structurels, comme les assemblages par tenons et mortaises. Il s'inspire de diverses tendances de l'architecture anglo-saxonne, telles que le mouvement Shaker aux États-Unis et le style Arts & Crafts en Angleterre. Parmi ses fondateurs, citons Gustav Stickley, Frank Lloyd Wright (1869-1959) et Charles et Henry Greene.
Modernisme : cette tendance architecturale, qui couvre la période 1920 à 1960, privilégie les compositions asymétriques, les formes cubiques, les structures en verre et en métal, les fenêtres en bandeau, la souplesse de l'agencement intérieur et, plus généralement, l'absence de moulures et d'ornements.

N

Néoclassicisme : l'architecture néoclassique, qui apparaît au milieu du XVIIIe siècle, est marquée par un retour au répertoire de la Grèce antique. On retrouve cette tendance en Angleterre dans le style des frères Adam, et aux États-Unis dans le style fédéral. Entre le XVIIIe et le début du XXe siècle, les pays anglo-saxons connurent une multitude de mouvements néoclassiques : style Adam, style fédéral et néo-antique, puis les styles Queen Anne et italianisant. Plus tard, on retrouve encore des traces de classicisme dans l'architecture moderniste du XXe siècle.
Néocolonial : cette tendance, très en vogue en Amérique à la fin du XIXe et au début du XXe siècle, reprenait certains éléments de l'architecture coloniale américaine du XVIIIe siècle. On la retrouve dans les styles Queen Anne, Stickley et Shingle des années 1880 et 1890.
Néocolonial espagnol (style) : style qui se développa à la fin du XIXe siècle aux États-Unis. Marqué par la nostalgie du style colonial espagnol qui s'était imposé au sud et à l'ouest des États-Unis à la fin du XVIe siècle, il emprunte à la fois à l'architecture mexicaine traditionnelle, à l'habitat méditerranéen, au baroque italien et au style mauresque.
Néogothique (style) : apparu à la fin du XVIIIe siècle, ce style emprunte largement à l'architecture et à l'ornementation gothique. La maison de l'Anglais Sir Horace Walpole, à Strawberry Hill, est un véritable manifeste néogothique. Toujours à Londres, c'est le gothique perpendiculaire qui fut choisi pour la reconstruction du Parlement en 1836. En France, le néogothique est également appelé « troubadour » ou « cathédrale ».
Néoroman richardsonien (style) : ce style très massif, inspiré de l'architecture romane, vit le jour aux États-Unis à la fin du XIXe siècle. Il tient son nom de son inventeur, Henry Hobson Richardson (1838-1886), qui avait suivi les enseignements de l'École des Beaux-Arts de Paris, au début des années 1860.
Néotudor : ce style architectural, qui vit le jour à la fin du XIXe siècle en Angleterre, empruntait largement au répertoire du style Tudor, notamment les structures à colombages, les fenêtres à meneaux et, en décoration intérieure, les panneaux à motif serviette.

O

Oriel : fenêtre en encorbellement faisant saillie sur un mur de façade (on parle aussi de *bow-window*, mot emprunté à l'anglais).
Oves : motif ornemental affectant la forme d'un œuf, le plus souvent utilisé dans les frises, en alternance avec des languettes ou des dards aigus. Ce motif (rais d'oves) est fréquemment employé dans les styles classiques.

P

Panne : pièce de bois horizontale qui sert à soutenir les chevrons d'un comble, dans une charpente.
Parqueterie : art de fabriquer et de poser les lattes de parquet de façon à obtenir des motifs plus ou moins complexes, tels que le point de Hongrie, où les lattes sont disposées en chevrons. On peut

Profils de murs en rondins

A rondins équarris sur les côtés avec joints

B rondins superposés avec joints

C rondins creusés

D rondins équarris en haut et en bas

E rondins équarris sur trois faces

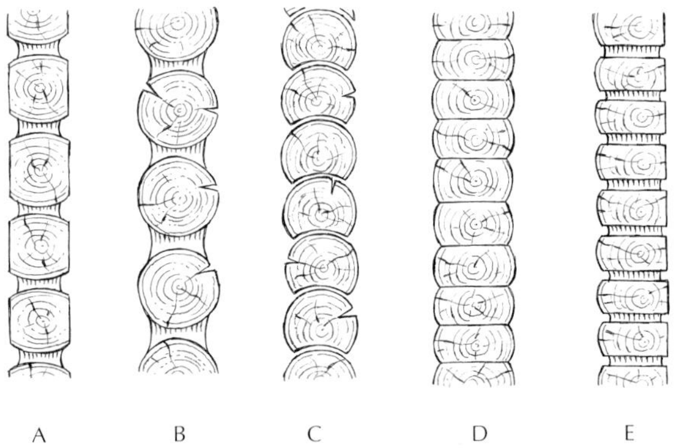

également choisir différentes essences pour jouer avec les teintes du bois.
Pignon : couronnement triangulaire d'un mur, dont le sommet soutient l'extrémité du faîtage d'un comble. Autrefois, les maisons à pignon sur rue étaient signe de prospérité, d'où l'expression courante « avoir pignon sur rue ».
Pilastre : premier barreau, plus épais et souvent ouvragé, d'une rampe d'escalier.
Pisé : maçonnerie faite de terre argileuse, délayée avec des cailloux et de la paille.
Placage (bois de) : par opposition au bois massif, mince feuille de bois ou d'autre matière destinée à recouvrir une surface composée d'un matériau moins noble et plus solide.
Plafond à caissons : plafond dont les solives sont assemblées de manière à former des compartiments creux, qui peuvent être ornés de moulures, de peintures ou de sculptures.
Portique : galerie ouverte soutenue par deux rangées de colonnes, ou par un mur et une rangée de colonnes.
Postmodernisme : ce mouvement d'architecture et de design est né au milieu des années soixante, en réaction contre les formes simples et épurées du modernisme. Il se caractérise par l'éclectisme et le kitsch.
Poteaux et poutres (structure en) : forme d'ossature en bois traditionnelle où les poteaux verticaux soutiennent les poutres horizontales.

Q

Queenslander : maison à ossature en bois que l'on trouve dans l'État du Queensland, en Australie. Construite sur des pilotis ou sur une estrade, la « queenslander » est toujours revêtue d'un bardage de bois, à l'extérieur comme à l'intérieur, avec un toit en métal ou en tôle ondulée. Elle est dotée d'une véranda spacieuse, souvent agrémentée d'une balustrade en treillis de bois.

R

Rainures et languettes (assemblage par) : technique d'assemblage des planches d'un revêtement mural ou d'un parquet. Chaque latte est creusée d'une rainure dans laquelle vient s'imbriquer l'élément saillant (la languette) de la latte suivante.
Regency (style) : ce style d'architecture et de décoration intérieure, distinct du style Régence en France, fut très en vogue en Angleterre dans les années 1810 à 1830. De tendance plutôt classique, il s'inspirait beaucoup du style Empire français et des motifs étrusques. Mais il intègre aussi des éléments néogothiques, ainsi que des motifs d'inspiration égyptienne et chinoise.
Résineux (arbres) : se dit des bois qui produisent de la résine, tels que les pins, sapins, épicéas, mélèzes, douglas, etc. La plupart des résineux utilisés en France sont relativement tendres et légers. Plus faciles à travailler que les feuillus, ils sont en revanche moins stables.
Rinceaux : motif ornemental composé de tiges fleuries en volutes. Traités de différentes manières, les rinceaux ont été utilisés à toutes les époques.
Rosace : motif décoratif circulaire en forme de rose ou d'étoile à plusieurs branches.

S

Santa Fé (style) : ce style, originaire du sud-ouest des États-Unis (Nouveau-Mexique), se caractérise par des murs en pisé inspirés des maisons traditionnelles mexicaines, des plafonds à poutres apparentes, des portes en bois sculptées et des cheminées également sculptées. Le style Santa Fé associe des influences indiennes (tribus Navajo, Hopi, Zuni) et espagnoles, tout en intégrant des éléments de style colonial américain, tant dans l'architecture que dans la décoration intérieure.
Serviette (motif) : motif sculpté sur un panneau de bois imitant les plis d'un tissu. On parle aussi de motif « parchemin plié ».
Shaker (style) : style de décoration intérieure élaboré par les communautés shakers d'Amérique du Nord. Les Shakers privilégiaient les matériaux de premier choix, les formes simples et fonctionnelles. Ce style se caractérise par un rejet du superflu.
Shingle : sortes de tuiles en bois destinées à recouvrir les murs extérieurs des maisons.
Shingle (style) : ce style architectural, qui se développa aux États-Unis à la fin du XIXe siècle, se caractérise par un bardage en shingles, et un retour aux toits en croupe de la fin du XVIIe siècle. Il emprunte au style Queen Anne des éléments comme les fenêtres en mansarde et les oriels (*voir* ce mot). Dans les maisons de style shingle, le travail du bois était souvent très soigné : shingles sculptés, treillis et balustrades chantournées.
Solives : poutres horizontales placées parallèles les unes aux autres, auxquelles sont fixées d'un côté les planches du plancher, de l'autre les lattes du plafond.
Stick-style : style de maison à ossature en bois très en vogue aux États-Unis à la fin du XIXe siècle. En partie inspiré des charpentes ballon, mais aussi d'autres styles d'habitat, tels que le chalet suisse, il se caractérise par de larges vérandas tout autour de la maison.
Structure en arc (voir illustration p. 186) : type d'ossature en bois dans laquelle le rôle de poteaux porteurs et de pignon est assuré par des poutres recourbées à une extrémité et dressées deux à deux pour former un arc. Ces arcs supportent à eux seuls tout le poids de la toiture.
Stuc : composition de plâtre (ou de poussière de marbre), gâché avec une solution de colle forte formant un enduit qui, poli, imite le marbre.

T

Tenons et mortaises : assemblage composé de parties saillantes (les tenons), situées à l'extrémité d'une pièce, et destinées à s'ajuster dans des parties creuses correspondantes (les mortaises).
Toiture à chevrons (voir illustration p. 189) : toiture traditionnelle des maisons en rondins, dans laquelle les éléments principaux sont les chevrons, perpendiculaires au toit.
Toiture à pannes (voir illustration p. 189) : toiture traditionnelle des maisons en rondins, dans laquelle les éléments principaux sont les pannes, parallèles à l'arête du toit, soutenues par des poteaux à l'intérieur, et/ou par les murs porteurs.
Torchis : matériau de construction traditionnel fait de terre argileuse, malaxée avec de la paille hachée ou du foin.
Trophée : motif de décoration formé d'armes groupées, reliées entre elles. Par extension, le terme « trophée » désigne un groupe d'attributs symbolisant un art, un métier, un sentiment : trophée de chasse, de musique, etc.
Tudor : en Angleterre, la période Tudor s'étend de 1485 à 1603 (fin du règne d'Élisabeth Ire), période au cours de laquelle l'architecture gothique fut progressivement adaptée aux canons classiques de la Renaissance.

V

Véranda : galerie légère en bois, vitrée ou non, adossée à la façade d'une maison. Dans les pays chauds, la véranda est ouverte sur l'extérieur, tandis que dans les pays froids, elle est fermée par un vitrage, parfois amovible.
Vitrail : panneau vitré composé de morceaux de verre enchâssés dans un treillage de plomb.

Les toits de chalets

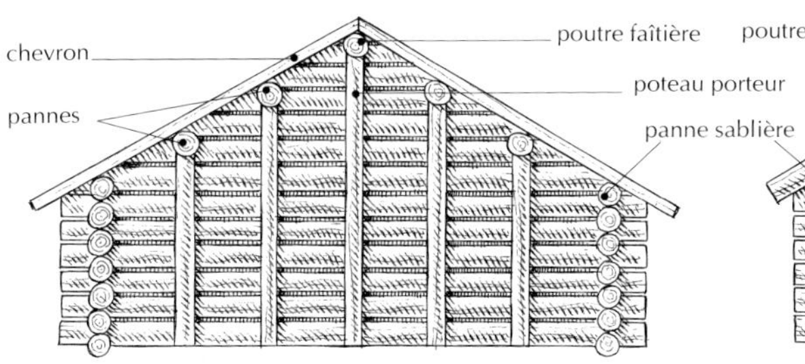

toiture à pannes

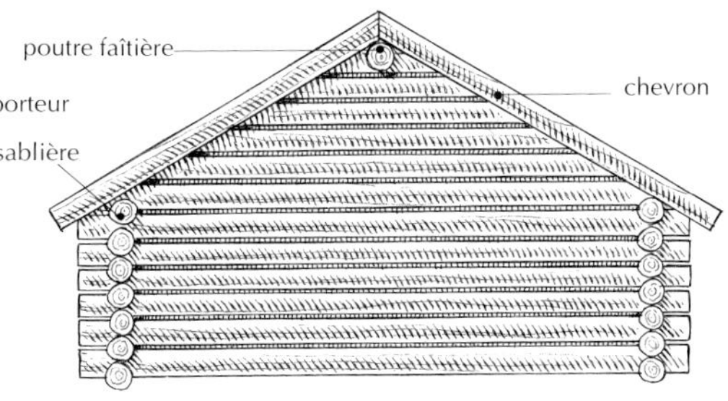

toiture à chevrons

Index

Remerciements

L'auteur et l'éditeur tiennent à remercier les personnes suivantes pour leur aimable collaboration à cet ouvrage.

Rodney Archer
Donna Baron
Jonathan et Pauline Barres
Marina et Bill Beadleston
Peter Beale
Dr Tom et Mme Pat Bell
Don et Anne Cameron
Frank et Suz Cameron
Cathy Capri
Simon et Robyn Carnachan
Jim et Hilda Chapman
Patrick Cooke
Carolyn Davies
Ischa van Delft
Sherri Donghia et Robert Eulau
Priscilla Endicott
Dave Fritchley
Kevin et Sue Godley
Olav Golid
Jolie et Petrea Grant
Isak I. Grave
Annie Har et William Hayes
Sue et Dick Hare
Happy Hawn
Astrid Poulsson Hesledalen
Hallgrim Høydal
Jon Geir et Inger Høyersten
Angela Kent
Richard Lewis et Donna Allen
Christian Liaigre
Holly Lueders et Richard Spizzirri
Rob et Sarah McConnell
Stephen P. Mack
John Mainwaring
Alf et Wendy Martensson
Graham Moss
Bergit Myrjord
Gerallt D. Nash
Chris Ohrstrom
Marilyn Phipps
Alan et Marion Powell
Mark Pynn
Michèle Rédélé
Anna et Halvor Rekaa
Margaret Rogers
Jim Ruscitto
Allan Shope
Jocelyne et Jean-Louis Sibuet
Philip et Barbara Silver
Jørgen H. Sønstebø
Tone Stivi
Kare Sveen
Tony Suttle
Olivier Vidal

Crédits photographiques

Les abréviations suivantes ont été utilisées :

H haut — G gauche — C centre
B bas — D droite

Athelhampton House
Athelhampton
Dorchester
Dorset DT2 7LG
Angleterre
pp. 11BD, 91, 92–93, 144D, 169D, 183HG et HD

The Buttolph Williams House
249 Broad Street
Wethersfield
Connecticut
CT 06109
États-Unis
pp. 47, 140HG, 148HD

Glomdalsmuseet
Museum d'Østerdalen et Solor
2400 Elverum
Norvège
pp. 23BD, 24–25, 100–101, 159HD

Heddal-og Nottodden
Musée
Bygdetunet
Heddal
Norvège
pp. 168G, 178-179

The Hempstead House
11 Hempstead Street
New London
Connecticut
CT 06320
États-Unis
pp. 46BG et BD, 148HG

Hôtel Mont-Blanc
Place de l'Église
Hôtel Les Fermes de Marie
163, chemin de Riante Colline
Les Fermes des Grands Champs
Les Choseaux
74120 Megève
France
pp. 20HD, 21HD, 22, 72-73, 103BG et BD, 161C, BG et BD, 181BG et BD

Musée de la Vie galloise
St Fagan's
Cardiff CF5 6XB
Pays de Galles
Angleterre
pp. 32-33, 34B, 35B, 66D, 130

The National Trust Queensland
Old Government House
George Street
Brisbane 4000
Queensland
Australie
Bellevue Homestead, Coominya : *pp. 1, 103HG et HD, 114H, 115, 168D, 170HD, 171BC*
Mayes Cottage, Logan (dirigé par Logan City Council) : *p. 170HG*

Roseland Cottage
204 Roseland Parkroad
Woodstock
Connecticut
CT 06281
États-Unis
(dirigé par S.P.N.E.A.) *p. 52BD*

Ellen Terry Museum
Smallhythe Place
Smallhythe
Nr Tenterden
Kent TN30 7NG
Angleterre
p. 35H

Musée Webb-Deane-Stevens
211 Main Street
Wethersfield
Connecticut
CT 06109
États-Unis
pp. 2, 46HG et HD, 49H et BD, 94H et BD, 95H, 131B, 140BG et BD, 147BG, 149HG et BG, 154G, HD et BD, 155B, 162HG, 163HD et BD, 172G et C, 183BG

L'éditeur tient à remercier les architectes et les décorateurs d'intérieur qui ont ouvert les portes de leur maison.

Simon Carnachan
Carnachan Architects Ltd
(architectes, décorateurs et paysagistes)
27 Bath Street
Parnell
PO Box 37-717
Auckland
Nouvelle-Zélande
pp. 3, 62BG–BD, 124-125

Conger Fuller Architects
710 East Durant Street
Aspen
Colorado
CO 81611
États-Unis
pp. 8-9, 18, 67D, 89, 138HG et HC, 153HD

Ischa van Delft
(décorateur d'intérieur)
September
Vughterstraat 72
5211 GK's-Hertogenbosch
Hollande
pp. 114BG–BD, 133BG, 137D, 144HG, 154C, 162D

Annie Har
Sunnit Architects
10 Attunga Lane
Mount Glorious
Queensland 4520
Australie
p. 102D

Angela Kent
(architecte)
Kenström Design Pty Ltd
92 Cathedral Street
Woolloomooloo
NSW 2011
Australie
pp. 13BD, 14-15, 122-123, 137B

Christian Liaigre
(mobilier et décoration intérieure)
Bureau d'études
122, rue de Grenelle
75007 Paris
France
pp. 116, 117H, 133D, 134BD, 141BD, 145BD, 156BD, 157HD, 159BD, 161HD et CD

Holly Lueders Design
(construction, intérieur et mobilier)
27 West 67 Street
New York
NY 10023
États-Unis
pp. 7, 11HD, 17D, 28-29, 78- 81, 129G, 138D, 158HD et BD, 159G, 161G, 164D, 165C

Rob and Sarah McConnell
(construction et peinture)
8 Coastguard Cottages
Coastguard Square
Rye Harbour
East Sussex TN31 7TS
Angleterre ; en association avec
Dave Fritchley
Eggshole Cottage
Starvecrow Lane
Peasmarsh
East Sussex TN3 16XN
pp. 11BG, 30-31, 106-107

Stephen P. Mack
(architecte spécialisé dans la restauration et la reconstruction de maisons du XVIIe et du XVIIIe siècle)
Stephen P. Mack Associates
Chase Hill Farm
Ashaway
Rhode Island
RI 02804
États-Unis
Maison de Stephen P. Mack :
pp. 48H et BD, 49BG, 136, 140HD, 142HD, 143BD, 147HG et HD, 148B, 156H et BC, 169G, 171HD, 174BG et BC
Restaurations de Stephen P. Mack :
pp. 16D–17G, 50-51, 90, 94BG, 131HG, 142BG–BD, 144BG, 146H et BD, 147BD, 172HD, 174HG et HD, 181BD, 183BD

John Mainwaring & Associés Pty Ltd
(architectes et urbanistes)
PO Box 958
Noosa Heads
Queensland 4567
Australie
pp. 62H, 63, 129D, 152BG–BD, 153G et BD, 171BG

Graham Moss
(architecte spécialisé dans les constructions anciennes.)
Moss Co Architects
Brookgate
Plealey
Shrewsbury SY5 0UY
Angleterre
pp. 38HD et BD, 40, 74–75, 102G, 142HG et HC, 143HD, 177H, 181HD

Chris Ohrstrom
Historic Paints Ltd
Burr Tavern
Route 1, PO Box 474
East Meredith
New York
NY 13757
États-Unis
pp. 42-43, 95B, 134G, 141BG, 143G, 145BG, 146BG, 149HD, 156G, 157BD, 162BG, 163G, 170BG et BC, 173B, 174BD

Mark Pynn
(Architecte)
Darryl Charles McMillen
Box 1068
Sun Valley
Idaho
ID 83353
États-Unis
pp. 58-59, 132, 133HG, 140HC, 160BG

Michèle Rédélé
(décoration intérieure)
90, bd. Malesherbes
75008 Paris
France
pp. 21HG, 68-71, 131D, 160D, 181HG

Jim Ruscitto
(architecte)
Ruscitto, Latham, Blanton
PO Box 419
Sun Valley
Idaho
ID 83353
États-Unis
pp. 13HD, 26-27, 82-88, 126–127, 128G, 152H, 158G, CH et CB, 165BG et BD

Allan Shope
(architecte)
Shope, Reno, Wharton Associates
18 West Putnam Avenue
Greenwich
Connecticut
CT 06830
États-Unis
pp. 66G, 108-109, 128D, 138BG et BC

Tony Suttle
Woods Bagot Pty Ltd Architects
64 Marine Parade
Southport
Queensland 4215
Australie
pp. 61, 119, 170BD

Olivier Vidal et associés
(architectes)
14, rue Moncey
75009 Paris
France
pp. 11HG, 120-121, 141HG-HD

L'auteur tient à remercier Zia Mattocks, Paul Tilby, Sian Parkhouse, Cathy Ebbels et Nadine Bazar pour leur précieuse collaboration.